DR. JOHN IZZO

Die fünf großen Glücksdiebe

W0056649

GOLDMANN

Lesen erleben

Buch

Was ist, wenn das Glück an der Tür klopft, aber man gerade zu beschäftigt ist, um aufzumachen? Obwohl wir die Fähigkeit zum Glücklichsein alle in uns tragen, setzen wir im Leben oft die falschen Prioritäten und treffen dann die falschen Entscheidungen. Dieser praktische und motivierende Ratgeber erklärt, welche fünf großen Dinge uns bei der persönlichen Glückssuche im Weg stehen und wie wir sie umgehen können.

Autor

Dr. John Izzo studierte Soziologie und Kommunikationswissenschaft. Weltweit bekannt wurde er durch Vorträge und Coachings über die Geheimnisse eines erfüllten Lebens. Seine Bücher sind internationale Bestseller. John Izzo lebt in Vancouver, Kanada.

Außerdem von Dr. John Izzo im Programm

Die fünf Geheimnisse, die Sie entdecken sollten, bevor Sie sterben
(📖 auch als E-Book erhältlich)

DR. JOHN IZZO

Die fünf großen Glücksdiebe

... UND WIE MAN IHNEN
KEINE CHANCE LÄSST

Aus dem amerikanischen Englisch
von Gaby van Dam

GOLDMANN

Die US-amerikanische Originalausgabe erschien 2017 unter dem Titel
»The five thieves of happiness« bei Berrett-Koehler, USA.

 Dieses Buch ist auch als E-Book erhältlich.

Verlagsgruppe Random House FSC® N001967

1. Auflage
Deutsche Erstausgabe Februar 2019
Copyright © 2019 der deutschsprachigen Ausgabe: Wilhelm Goldmann Verlag,
München, in der Verlagsgruppe Random House GmbH,
Neumarkter Str. 28, 81673 München
Copyright © 2017 der Originalausgabe: Dr. John Izzo
First published by Berrett-Koehler Publishers, Inc., Oakland, CA, USA.
All rights reserved.
Published by arrangement with Maria Pinto-Peuckmann, Literary Agency,
World Copyright Promotion, Kaufering, Germany.
Umschlag: Uno Werbeagentur, München
Umschlagmotiv: FinePic®, München
Redaktion: Ruth Wiebusch
Satz: Uhl + Massopust, Aalen
Druck und Bindung: GGP Media GmbH, Pößneck
Printed in Germany
JE · Herstellung: IH
ISBN 978-3-442-17736-3
www.goldmann-verlag.de

Besuchen Sie den Goldmann Verlag im Netz:

Inhalt

*Für Janice Halls, meine Lebensgefährtin,
die mir jeden Tag vor Augen führt,
was es bedeutet,
nach Glückseligkeit zu streben.*

Vorwort von Marshall Goldsmith

Im Laufe meiner beinahe vier Jahrzehnte während Tätigkeit als Managementtrainer habe ich mit einigen der erfolgreichsten Führungskräfte zusammengearbeitet – hochintelligenten, brillanten Menschen, die das Leben Millionen anderer zum Besseren gewendet haben.

Vor kurzem habe ich drei Ärzte beraten, jeder für sich eine herausragende Persönlichkeit: Dr. Jim Yong Kim, Präsident der Weltbank, Dr. John Noseworthy, Präsident der Mayo-Klinik, und Dr. Rajiv Shah, Leiter der US-Behörde für internationale Entwicklung. Im Rahmen des Coachings habe ich sie dazu aufgefordert, sich täglich eine Reihe von Fragen zu stellen, darunter: *Habe ich mein Bestes getan, um glücklich zu sein?*

An sich eine ziemlich simple Frage an diese intelligenten, erfahrenen und hochqualifizierten Herren. Und doch wussten sie nicht so recht, was sie entgegnen sollten. »Fällt es Ihnen schwer, nach Glück zu streben?«, wollte ich von ihnen wissen.

Die Antworten, die ich in den einzelnen Vieraugengesprächen erhielt, fielen nahezu identisch aus: »Mir ist bisher noch nie in den Sinn gekommen, nach Glück zu streben.«

Glück ist selbst für die klügsten Köpfe ein ziemlich schwammiger Begriff. Wenn es uns wie den befragten Medizinern und Führungspersönlichkeiten geht, haben wir das Thema Glück nicht einmal auf dem Radar. Ich hege den Verdacht, dass auf diesem Gebiet ein weit verbreitetes Missverständnis

herrscht – wir hoffen auf Glück, ja, erwarten es sogar und ver-
fehlen dennoch unser Ziel. In diesem zum Nachdenken anre-
genden Buch geht John Izzo der Frage nach, warum Glück so
schwer zu fassen ist und warum es so wichtig ist, glücklich zu
sein. Überzeugend legt er dar, dass es uns persönlich wie gesellschaftlich besser geht, wenn wir die »Diebe« kennen, die
uns unserer natürlichen Zufriedenheit zu berauben suchen.

In meiner Eigenschaft als philosophischer Buddhist empfinde ich dieses Konzept als überaus sinnvoll. Buddha nannte
fünf Hindernisse, die uns beim Meditieren und im Leben den
Weg verstellen: Sinneslust, Groll, Trägheit, Ruhelosigkeit und
Zweifel. Im Rahmen unserer heutigen Lebensweise werden
wir in hohem Maße durch Johns Glücksdiebe gehemmt: Kontrolle, Hochmut, Begehren, Konsum und Bequemlichkeit.

Das Bedürfnis nach Kontrolle ist derart stark verbreitet unter den Führungspersönlichkeiten, die ich berate, dass ich ein
Akronym entwickelt habe, um dagegen anzugehen: AIWATT,
was für den englischen Satz steht: *Am I willing, at this time,
to make this positive investment required to make a positive
difference on this topic*, was auf Deutsch in etwa bedeutet:
Bin ich zum jetzigen Zeitpunkt bereit, etwas dafür zu tun, um
dieses Thema zum Positiven zu wenden? (Wenn nicht, lassen
Sie es dabei bewenden.)

Hochmut, auch als übersteigertes Ego bekannt, grassiert
in unserer von Ruhm besessenen Kultur. Ich habe gesehen,
wie es im Leben selbst ansonsten aussichtsreicher Menschen
Schaden anrichtet.

Begehren und Konsum sind in einer konsumorientierten
Ökonomie nahezu unvermeidbar und greifen in Form der ty-

pisch westlichen »Krankheit« weltweit rasant um sich: *Ich werde dann glücklich sein, wenn ich... bekomme.* Wer von uns war noch nicht zu irgendeinem Zeitpunkt überzeugt, erst dann wirklich glücklich sein zu können, wenn er oder sie dieses oder jenes Haus, Auto, diesen Partner oder jene Partnerin, die Beförderung beziehungsweise jedes andere Objekt der Begierde hätte? Unser Kontrollbedürfnis wiegt uns mitunter in dem Irrglauben, dass das, was wir tun, ausreichend ist, während die Welt in Wahrheit mehr von uns verlangt.

Wenn Sie dazu aufgefordert würden, spontan die fünf größten Glücksdiebe aufzuführen, was würden Sie antworten? Es wäre wohl verlockend, den fiesen Chef zu nennen, die Tabellen, die Sie erstellen müssen, oder das fürchterliche Wetter. Nach Johns kluger Formulierung beherbergen wir die Diebe allesamt in unserem Inneren. Das heißt, wir können niemanden und nichts außerhalb unseres Selbst dafür verantwortlich machen, wenn wir nicht glücklich sind. Es bedeutet auch, dass es in unserer Macht steht, uns mit unserer inneren Glückseligkeit zu verbinden – wenngleich das ein hohes Maß an Disziplin erfordert.

Beruflich wie privat räume ich Glück einen hohen Stellenwert ein. Von der Presse werde ich als »Glücksexperte« bezeichnet, ein Beiname, den ich vollen Herzens annehme, auch wenn es nicht immer einfach ist, ihm gerecht zu werden. Ich benötige Unterstützung, damit ich nicht nachlasse. Meinen Coachingklienten empfehle ich, sich Fragen zu stellen, die ihre Prioritäten im Leben klarmachen. Ich tue das selbst auch! Weil ich mir das Prozedere nicht so gut merken kann, bitte ich eine Assistentin, mir die Fragen am Telefon vorzulesen, egal, in welcher Ecke der Welt ich mich gerade befinde. Zum Thema, ob ich mein Bestes getan habe, um glücklich zu sein, gebe ich mir üblicherweise 9,3 oder 9,4 von 10 Punkten. Wie ich das mache?

Paradoxerweise überhaupt nicht. Wie John aufzeigt, ist Glück etwas, das sich in Wahrheit nicht anstreben lässt. Der einzige Weg besteht darin, sich genau jetzt für Glück und Sinnhaftigkeit zu entscheiden – im gegenwärtigen Moment. In meinem Buch *Triggers* schreibe ich, dass wir unterschätzen, welchen Einfluss unsere Umgebung auf uns ausübt, etwas, das für mich in besonderem Maße gilt, wenn ich mich auf Flughäfen befinde. Ich habe einen Großteil meiner Karriere damit verbracht, um die Welt zu fliegen, um zu beraten, Reden zu halten oder zu unterrichten. Anfangs war ich dauernd genervt von all dem Ärger, der mit dem Fliegen verbunden ist: verspätet startende Flugzeuge, verpasste Anschlussflüge, in Flughäfen festzusitzen, während ich viel lieber an einem völlig anderen Ort gewesen wäre.

Dann ging ich 1984 im Rahmen der African Relief Campaign, einer humanitären Mission des Amerikanischen Roten Kreuzes, nach Afrika, wo ich Hunderte Menschen vor Hunger sterben sah. Dieses unvergessliche Erlebnis lehrte mich etwas über das Glück. All diese Menschen wären überglücklich gewesen, hätten sie die Chance gehabt, sich in einem dieser klimatisierten Flughäfen aufzuhalten, wo es unzählige Restaurants und Imbissstände gibt. Bevor ich nach Hause kam, leistete ich einen Eid: nie mehr jammern, weil das Flugzeug Verspätung hat.

Ich fliege jede Woche. Und jede Woche rufe ich mir diesen Schwur ins Gedächtnis. Vor nicht allzu langer Zeit sind die Computer am Chicago O'Hare International Airport ausgefallen. Daher kam ich nicht in die Lounge, wo ich mich normalerweise zwischen den Flügen ausruhe. Ich fing an mich zu ärgern, doch dann erinnerte ich mich an meinen alten Schwur. *Sei dankbar. Sei jetzt glücklich. Warte nicht.*

Wenn Sie am Flughafen festhängen oder an irgendeinem anderen Ort, an dem Sie nicht sein wollen, dann hoffe ich für Sie, Sie haben dieses Buch dabei. Es wird Ihnen helfen, die inneren Kräfte zu verstehen, die sich gegen Sie richten. Mehr noch, es wird Ihnen helfen, diese Kräfte zu überwinden und sich mit Ihrer tiefen, natürlichen Glücksreserve zu verbinden.

Marshall Goldsmith
Autor von *Was Sie hierher gebracht hat, wird Sie nicht weiterbringen: Wie Erfolgreiche noch erfolgreicher werden.*

Einleitung

Zeit meines Lebens befasse ich mich mit den Themen Glück und Sinnhaftigkeit. Schon früh hat es mich fasziniert, den Code dessen zu entschlüsseln, was das Leben wertvoll, sinnvoll und glücklich macht. Das hat sich auch auf die Wahl meiner Studienfächer (Soziologie, Psychologie und Religionswissenschaften) ausgewirkt, auf meine beruflichen Tätigkeiten (presbyterianischer Pfarrer, dann Grundsatzreferent), auf die Bücher, die ich geschrieben habe, und auf mein Engagement in der Forschung. Stets war ich mit Kopf und Herz dabei. Mein Verstand wollte die Geheimnisse des Glücks erkennen, und mein Herz wollte diese leben.

Einige von Ihnen kennen vielleicht mein viertes Buch, *Die fünf Geheimnisse, die Sie entdecken sollten, bevor Sie sterben.* Dieses Buch basiert auf dem, was ich als das »Weise ältere Menschen«-Projekt bezeichne: Ich bat Menschen, mir eine ältere Person zu nennen, die wahrhaft glücklich ist und von der wir etwas lernen können. Nachdem wir mehrere Tausend Hinweise erhalten hatten, führten wir Interviews mit etwa 250 Menschen im Alter zwischen 60 und 102 Jahren, die gemeinsam über 18 000 Jahre Lebenserfahrung verfügten, und die nur eine Sache gemeinsam hatten: Sie waren jeweils die glücklichste in die Jahre gekommene Person, die ein anderer Mensch kannte.

Die Arbeit an dem Projekt half mir, die Geheimnisse dauerhaften Glücks zu erkennen, auf Basis dieser einzigartigen Gruppe von Menschen. Die Reaktionen auf das Buch waren überwältigend positiv. Leser rund um den Erdball ließen mich in E-Mails und Briefen wissen, dass *Die fünf Geheimnisse* ihnen intuitiv einleuchteten, doch äußerten sie auch noch etwas anderes: Die Geheimnisse zu kennen reiche nicht aus. Sie wüssten zwar genau, was sie glücklich macht, nicht jedoch, wie sie es in die Tat umsetzen könnten.

In den Jahren, die seit der Veröffentlichung des Buches vergangen sind, ist mir klar geworden, dass die fünf Geheimnisse nur die halbe Wahrheit sind. Als ich diese glücklichen Menschen interviewte, konzentrierte ich mich auf das, was diese Personen *getan* hatten, um das Glück zu finden, während ich später darüber nachzudenken begann, was sie *nicht* getan hatten. Möglicherweise gab es da noch etwas, das diese glücklichen Menschen anders machten. Nach längeren Überlegungen fiel mir auf, dass meine betagten Interviewpartner dem Glück nicht sonderlich versessen hinterherjagten. Ihr Glück schien vielmehr ein Nebenprodukt ihrer Weltsicht zu sein und weniger das Ergebnis ihres Bestrebens oder abhängig davon, was in ihrem Leben passierte. *Warum*, fragte ich mich, *muss Glück nur ein derart verzwicktes Thema sein?*

2015 entschloss ich mich, eine achtmonatige Auszeit von meiner Arbeit als Autor, Redner und Berater zu nehmen, nicht zuletzt aus dem Gefühl heraus, den Code nachhaltigen Glücks für mich selbst noch nicht vollständig geknackt zu haben. Während meiner Wanderung auf dem spanischen Jakobsweg kam mir schließlich zum ersten Mal die Idee der Glücksdiebe. Es war eine Art Geschenk meines Unterbewussten, etwas, das mir bereits sehr lange klar war, das ich aber ständig übersehen hatte. Es war wie der Schlüssel zu einem Rätsel, das ich seit geraumer Zeit zu lösen versuchte. Der eine kleine, aber entscheidende Hinweis in einem Krimi, der einen auf die Spur des Täters führt. Der Aha-Moment gestaltete sich wie folgt: Vielleicht ist Glück ja unser Naturzustand, doch gibt es gedanklich Muster, die uns davon abbringen.

Im Laufe der nächsten zwölf Wochen, während ich auf dem Camino und später durch das Heilige Tal der Inka in Peru wanderte, dachte ich über folgende Frage nach: *Wer sind diese Diebe, die uns unser Glück stehlen?* Einen nach dem anderen konnte ich sie benennen. Ich berufe mich nicht auf irgendeine besondere Eingebung für diese fünf, glaube jedoch, dass ich sie aus den verschiedenen Traditionen, die sich mit dem Glück auseinandersetzen, zusammengesucht habe.

Da ich mich mein Leben lang sowohl mit spirituellen wie philosophischen Traditionen und darüber hinaus auch mit der Psychologie befasst habe, war mir klar, dass es die Antwort auf diese Frage bereits irgendwo da draußen geben musste. Spiritualität und Psychologie haben ein wichtiges gemeinsames Bestreben. Beide wollen sie eine Antwort auf die Frage: *Wie kann der Mensch Glück und Erfüllung im Leben finden?*

Um aufzudecken, wer diese Diebe sind und wie wir ihnen das Handwerk legen können, schöpfe ich für dieses Buch immer wieder aus spirituellen Traditionen und psychologischen Studien. Die von mir aufgeführten Diebe tauchen allesamt in diesen Überlieferungen auf, wobei ihre Namen möglicherweise von den hier genannten abweichen. Es hätten auch ganz leicht sechs oder zehn Diebe sein können, ich habe mich allerdings für die fünf entschieden, die mir die schlimmsten Räuber unserer Zufriedenheit zu sein scheinen.

Während ich so über die Diebe nachsann, kam mir der Gedanke, dass dasselbe Phänomen wahrscheinlich auch auf unsere Gesellschaft zutrifft. So wie ich davon überzeugt bin, dass der natürliche Zustand jedes Einzelnen Zufriedenheit ist, glaube ich auch, dass Harmonie und Kooperation dem natürlichen Zustand der Menschheit entsprechen. Entgegen der landläufigen Meinung, wir lebten in einer Ellenbogengesellschaft, in der nur der Stärkere gewinnt, weisen neuere Studien zur Evolutionsbiologie darauf hin, dass die Menschheit sich allein aufgrund ihres kooperativen Verhaltens so gut entwickelt hat und zur dominanten Spezies auf diesem Planeten geworden ist. Wir verdanken es also unserer Fähigkeit, mit einer Vielzahl von Fremden zusammenzuarbeiten, dass wir die Welt erobern konnten.

Auf meinen Reisen rund um den Globus, die ich in den letzten 40 Jahren unternommen habe, habe ich in den verschiedensten Kulturen fast ausnahmslos gute und anständige Menschen getroffen. Warum aber sind dann die Abendnachrichten voll mit unvorstellbarem Horror? Und warum bewegen wir uns unaufhaltsam auf eine Umweltkatastrophe zu, wenn es doch mehr als offensichtlich ist, dass es eine Veränderung braucht?

Vielleicht haben uns dieselben Diebe, die uns unser persönliches Glück nahmen, auch unsere gesellschaftliche Harmonie geraubt. Denn was ist die Gesellschaft anderes, als ein Spiegel unserer Innenwelten? Das ist der Grund, weshalb sämtliche globalen oder gesellschaftlichen Veränderungen im Herzen eines jeden von uns ihren Anfang nehmen müssen.

Einige der Diebe werden Ihnen auf den ersten Blick bekannt vorkommen – und das ist auch gut so. Dass Sie ihre Namen kennen, sagt Ihnen, dass wir ihre Präsenz bereits wahrnehmen. Doch sie zu kennen und sie aus dem Haus zu werfen, das sind zwei paar Stiefel. Mein Anliegen ist es, Ihnen zu zeigen, wer diese Diebe sind, wie sie Ihnen das persönliche und gesellschaftliche Glück stehlen, um Ihnen dann praktische Methoden an die Hand zu geben, wie Sie sie aus Ihrem Leben verbannen können.

KAPITEL 1

Glückseligkeit entspricht unserem natürlichen Zustand

Ein Dieb ist jemand, der etwas entwendet, das rechtmäßig uns gehört. Dieses Buch handelt von Dieben, die uns jener Glückseligkeit berauben, die unserem natürlichen Wesen entspricht. Viel wichtiger, als Glückseligkeit als solche anzustreben, ist es, den Dieben konsequent aus dem Weg zu gehen. Dieselben Diebe bemächtigen sich auch der Harmonie, die in unserer Gesellschaft herrschen könnte.

Glück ist heutzutage in aller Munde. Die Zahl der Bücher zu diesem Thema scheint überall auf der Welt exponentiell anzusteigen. Die Wissenschaft vom Glück ist zu einem großen Geschäft geworden. Studien, die mittels klinischer Forschungen zu ergründen suchen, wie Glück entsteht und wie es sich halten lässt, sind selbst an solch ehrwürdigen Orten wie Harvard und der University of Michigan weit verbreitet. Ich selbst habe viel über Glück geschrieben und an zahlreichen Orten Vorträge darüber gehalten. Gleichwohl sind wir, trotz all dieser Aufmerksamkeit, von Unzufriedenheit umgeben.

Kann es sein, dass allein schon das Streben nach Glückseligkeit den Samen zum Unglücklichsein birgt? Die Vorstellung,

Glück sei etwas, um das man sich bemühen muss, impliziert im Grunde, dass Glück und Zufriedenheit nicht unserem Naturzustand entsprechen, sondern dass wir uns auf eine heldenhafte Mission zu begeben haben, um aufzudecken, was uns glücklich macht.

Selbst die Idee, glücklich beziehungsweise unglücklich zu sein, kann bereits eine Falle sein. Indem wir uns selbst als »unglücklich« bezeichnen, sitzen wir über unseren inneren Zustand zu Gericht. Einige Studien weisen darauf hin, dass allein der Akt regelmäßiger Bewertung der eigenen Zufriedenheit unter Umständen dem Glück abträglich ist, insbesondere wenn wir am Anfang eher unglücklich sind.[1]

Das Glück hängt nicht mit Ereignissen zusammen

Den Ausdruck *Glück* habe ich für dieses Buch mit einer gewissen Beklommenheit gewählt, wird er doch von uns Menschen auf unterschiedlichste Weise verwendet. Es hätten auch andere Begriffe gepasst, etwa *Zufriedenheit, Frieden, Kraft, Erfüllung, Sinnhaftigkeit, Harmonie* oder *Freude*. Doch Glück scheint das Wort unserer Zeit zu sein, das Wort, das in der Popkultur unsere Sehnsucht nach einem Gefühl der Wahrhaftigkeit symbolisiert.

Das deutsche Wort *Glück* kommt nicht von ungefähr vom mittelhochdeutschen *gelücke/lücke*, was so viel bedeutet wie »die Art, wie etwas endet/gut ausgeht«. Mit anderen Worten: Widerfährt uns vor allem Positives, empfinden wir uns in der Folge als glücklich.

Entsprechend der ursprünglichen Wortbedeutung glauben die meisten, Glück ergebe sich direkt aus Ereignissen – und das, obwohl wir doch wissen, dass manche vom Pech verfolgte Menschen dennoch zutiefst glücklich sind, während andere, wiewohl sie vorwiegend Positives erleben, sich chronisch unglücklich fühlen.

Die alten Griechen hatten eine etwas andere Auffassung von Glück. Mit Aristoteles, der Glückseligkeit als Kernziel des menschlichen Lebens begriff, hat die Auseinandersetzung mit diesem Thema ihren Anfang genommen. Das griechische Wort *Eudaimonie* meint mehr die Idee eines gelungenen menschlichen Lebens als das mittelhochdeutsche Wort *gelücke*. Obwohl Aristoteles einräumte, ein gelungenes menschliches Dasein werde auch durch äußere Einflüsse wie Gesundheit und Wohlstand geprägt, gehe es in Bezug auf Glück vor allem darum, ein tugendhaftes Leben zu führen. Er postulierte bestimmte Charaktereigenschaften, die den Idealzustand eines Menschen verkörpern, wie etwa Tapferkeit. Diese Tugenden waren nicht so sehr moralische Eigenschaften, sondern eher Wesenszüge, die die Glückseligkeit begünstigen. Aristoteles brachte also die Idee auf, dass das Glück mit einer Reihe innerer Tugenden beziehungsweise Eigenschaften zusammenhängt, die auf irgendeine Weise unser Erleben filtern.

Glück von Ereignissen abzulösen ist wesentlich, um anhaltende Zufriedenheit zu erreichen. Das ist genau die Art von Glück, die jeder von uns anstrebt – eine, die nicht direkt mit dem zusammenhängt, was in unserem Leben von Moment zu Moment passiert, sondern die für sich bereits von beständiger Qualität ist, unabhängig von äußeren Faktoren.

Glückseligkeit entspricht unserem natürlichen Zustand

Ich behaupte, dass Glückseligkeit unserem natürlichen Zustand entspricht. Doch wie definieren wir diesen Begriff? Glückseligkeit, Zufriedenheit, Wohlbefinden, das Gefühl, ein sinnerfülltes Leben zu führen – das sind allesamt Begriffe und Konzepte, die die meisten Menschen intuitiv verstehen. Wir wissen es, wenn wir es erfahren, wenn wir das Gefühl haben, dass die Dinge gut sind. Wenn ich das Wort *Glückseligkeit* oder *Glück* benutze, meine ich damit »ein tiefes Gefühl der Wahrhaftigkeit hinsichtlich des eigenen Lebens sowie die innere Zufriedenheit mit sich selbst in dieser Welt«. Es ist dieses Gefühl der Wahrhaftigkeit, von dem ich behaupte, dass es natürlich in uns angelegt ist und das uns von den Dieben genommen wird.

Wie bereits zuvor erwähnt, lässt sich Glück auch als etwas betrachten, das wir nicht so sehr suchen müssen, sondern dem wir vielmehr nicht den Weg verstellen dürfen. Uns wurde so sehr eingetrichtert, Glück zu suchen, herbeizusehnen und uns zu erarbeiten, dass wir dabei häufig vergessen, dass die Zufriedenheit, die wir anstreben, bereits da ist und nur darauf wartet, dass wir zugreifen. Die Natur ist hier ein großartiger Lehrer, weshalb so viele Weisheitstraditionen und poetischen Überlieferungen uns nahelegen, sie uns zum Vorbild zu nehmen. Forschungen haben wiederholt gezeigt, dass Menschen in der Natur, insbesondere wenn sie von Bäumen und anderen Pflanzen umgeben sind, glücklicher und weniger gestresst sind. Dafür gibt es einen Grund: Natur schenkt uns die Ruhe, die wir suchen. Die Natur scheint einfach nur zu *sein*. Das erinnert uns daran, dass auch wir dies in uns tragen. Lao-Tse soll einmal gesagt haben: »Die Natur eilt nicht, und dennoch wird alles erreicht.«

Die Idee, dass die innere Erfahrung von Glück unserem natürlichen Wesen entspricht, findet sich in sämtlichen spirituellen Traditionen von Ost bis West. Ob Sie nun an die Wahrheit einer oder aller großen spirituellen Traditionen glauben oder auch nicht, in ihrer Gesamtheit verkörpern sie das kollektive menschliche Streben nach Glückseligkeit über Jahrtausende hinweg. Mir geht es nicht darum, irgendeine bestimmte religiöse Sicht zu unterstützen oder zu fördern, sondern zu zeigen, dass die Auffassung, die wir von Glück haben, keineswegs neu ist.

Die jüdisch-christlich-muslimische Schöpfungsgeschichte illustriert das durch die Erzählung von Adam und Eva im Garten Eden. Angesichts der Tatsache, dass Menschen die Natur immer schon als Lehrer gesehen haben, überrascht es nicht, dass eine der ältesten Geschichten der westlichen Welt die ersten Menschen als glücklich in einem Garten lebend beschreibt.

Adam und Eva können tun, was sie wollen, außer, die Früchte vom Baum der Erkenntnis essen. Dieser Baum steht als Metapher für den Teil in uns, der bewertet und sich plagt, anstatt das Leben zu erfahren. Bevor sie vom Baum essen, können die beiden das Dasein im Garten Eden einfach genießen. Sie leben im Paradies, verbunden mit ihrer natürlichen Glückseligkeit sowie mit Bäumen und Pflanzen.

Eine Schlange verleitet sie dazu, den Apfel zu essen, und sofort verspüren sie Scham: Sie erkennen, dass sie nackt sind. Und sie bedecken sich.

Anstatt wahrzunehmen, dass sie alles hatten, was sie brauchten, beschlich sie mit einem Mal das Gefühl, dass sie noch etwas anderes benötigten, um glücklich zu sein. Gott sieht, dass sie bekleidet sind, und fragt: »Wer hat euch gesagt, dass ihr nackt wart?«

Diese Frage bezieht sich wohl weniger auf die körperliche Nacktheit, sondern ist vielmehr als Allegorie zu verstehen und bedeutet in etwa: *Wer hat euch gesagt, dass es noch mehr gibt, das ihr braucht? Ihr seid schließlich schon im Garten Eden!* Lassen Sie dieses Bild einen Moment auf sich wirken. Im Westen verwenden wir »Garten Eden«, um einen Ort zu beschreiben, an dem alles perfekt ist. Die erste Ahnung von Unglück, die Wahrnehmung, dass nicht alles so ist, wie es sein sollte, rührt nicht von irgendwelchen Veränderungen der äußeren Umstände her, sondern vom Wechsel der inneren Perspektive. Der Garten hat sich nicht verändert, doch dem Filter, durch den man den Garten betrachtet, fehlt seine natürliche Klarheit.

Weil sie vom Baum der Erkenntnis gegessen haben, sind die Menschen verdammt, sich von nun an durch das Leben zu kämpfen. Leider wird diese Geschichte von vielen als Bestrafung interpretiert, während es eigentlich um Verbannung geht. Losgelöst von unserer wahren Natur, die darin besteht, glücklich zu sein, haben wir die Verbindung zu unserer natürlichen Gelassenheit verloren und sind, anders als die restliche Natur, seitdem auf der Suche nach Glück.

In der östlichen Tradition werden Yoga und Meditation zur Beruhigung des Geistes eingesetzt, um so die innere Gelassenheit zu entdecken, die bereits in uns vorhanden ist. Das ursprüngliche Sanskritwort für Yoga bedeutet übersetzt *Verbindung* oder *Vereinigung*. Anders als unsere moderne Vorstellung von Glück bezieht sich der beinahe 5000 Jahre alte Begriff *Yoga* nicht auf eine Suche, sondern darauf, sich mit etwas zu verbinden, was bereits in uns steckt. Viele sehen Yoga oder gar Meditation als eine Art mühsame Aufgabe, um sich so den Weg zur Gelassenheit zu verdienen. Selten werden die beiden als Mittel zur Klärung des Geistes betrachtet, um die tiefe Gelassenheit aufzuspüren, die bereits in uns angelegt ist. Wiewohl in der äußeren Welt Leid existiert, ist die innere Gelassenheit, nach der wir suchen, bereits da. Wenn ich also schreibe, dass Glück unserem natürlichen inneren Wesen entspricht, ist es genau das, was ich meine.

Ein Zitat, das meist Rumi zugeschrieben wird, einem bedeutenden persischsprachigen Dichter, islamischen Gelehrten und Sufi-Mystiker des 13. Jahrhunderts, lautet: »Die Inspiration, die du suchst, ist bereits in dir. Sei still und lausche.« Die Vorstellung, dass innere Gelassenheit und Glück bereits vorhanden sind, ist also schon recht alt.

Früh in unserem Leben besitzen wir sie noch, diese innere Gelassenheit. Das unverfälschte Lächeln eines Babys ist das sichtbare Zeichen dieses inneren Zustands, wie auch die Art, in der es neugierig die Arme ausstreckt, um einen Gegenstand zu berühren oder um die Welt, ohne sie zu bewerten, zu erforschen.

Die Stille des Schlafes in den erhabensten Momenten ist ein weiteres Bild der uns eigenen inneren Gelassenheit. In den östlichen Traditionen wird die Art der Einheit und Ruhe, wie wir sie im Schlaf empfinden, häufig mit unserem natürlichen

Bewusstseinszustand verglichen. Berühmte Persönlichkeiten wie Shakespeare und D. H. Lawrence haben die Tugenden des Schlafes besungen. Wie jeder weiß, der gelegentlich an Schlafstörungen leidet, hilft es wenig, um Schlaf zu ringen. Die friedliche Ruhe kommt vielmehr erst dann über uns, wenn wir den Geist geklärt haben und den Schlaf einfach kommen lassen. Glück erfordert es, ebenso wie der Schlaf, dass wir ihm nicht den Weg verstellen. Nicht ohne Grund sprechen wir davon, »wie ein Baby zu schlafen«; irgendwie wissen wir, dass Babys auch mitten im größten Trubel Ruhe finden – eine Ruhe, die bald von unablässigem Streben gestört sein wird.

Vorhang auf für die Diebe

Doch warum verwende ich die Metapher der Diebe, wenn ich beschreiben will, wer oder was uns unserer natürlichen Glückseligkeit und Gelassenheit beraubt? Ein Dieb nimmt etwas, das uns gehört. Was das Glück betrifft, handelt es sich bei den Dieben um gedankliche Muster und innere Filter, durch die wir die Welt auf verzerrte Weise sehen. Sie vernebeln uns den Blick auf das, was wahr und natürlich ist.

Die meisten Weisheitstraditionen kommen zu dem Schluss, dass es diese verzerrte Sicht auf die Welt ist, die es zu vermeiden gilt. Im Buddhismus wird von den fünf Hindernissen gesprochen: Sinneslust, Groll, Trägheit, Ruhelosigkeit und Zweifel. In der klösterlichen Tradition des Christentums sind es die sieben Todsünden: Hochmut, Neid, Völlerei, Wollust, Zorn, Habgier und Trägheit. Und im Sikhismus, fünftgrößte und eine der jüngsten Religionsgemeinschaften der Welt, existiert die Vorstellung, dass wir als Menschen einen naturgegebenen Sinn für die Richtigkeit der Dinge haben, den die Sikhs *gesunden Menschenverstand* nennen. Der Sikhismus geht davon aus, dass es fünf gedankliche Muster gibt (die sie übrigens als *Diebe* bezeichnen), die uns diesen gesunden Menschenverstand nehmen: Lust, Zorn, Habgier, emotionale Anhaftung und Hochmut. Alle diese Traditionen lehren im Kern, dass wir naturgemäß glücklich und in Harmonie leben, solange wir diese Kräfte in uns zügeln.

Als ich zum ersten Mal einer Freundin von dem Konzept der Glücksdiebe erzählte, erwiderte sie spontan: »Meinst du damit all das, was wir vermeiden müssen?« Doch es geht hier nicht um eine Liste dessen, auf das es zu verzichten gilt, wie bei einer strengen Diät. Eine solche Negativliste, die aufzählt, was wir *nicht tun sollen,* wäre möglicherweise noch anstrengender, als eine, die uns auf das hinweist, was wir *tun sollen*, um glücklich und zufrieden zu sein.

Hilfreicher ist es, wie schon erwähnt, sich die fünf Glücksdiebe als gedankliche Muster und innere Filter vorzustellen, durch die wir die Welt betrachten.

Als ich über die 250 reifen Menschen nachdachte, die ich für *Die fünf Geheimnisse* interviewt hatte, fiel mir auf, dass viele von ihnen von exakt diesen gedanklichen Mustern gesprochen hatten, auch wenn ich zum damaligen Zeitpunkt noch nicht in der Lage gewesen war, das zu begreifen. Im Wesentlichen berichteten sie mir, dass es Denkweisen gibt, die einen vom Zustand des Glücks entfernen. Diese Diebe weilen nicht außerhalb unseres Selbst, sondern sind in Wahrheit

Filter, die wir in uns tragen. Bis zu einem gewissen Grad sind diese Diebe normal und nicht bedenklich, doch wenn die gedanklichen Muster »die Zügel an sich reißen«, verändern sie radikal die Art und Weise, wie wir unser Leben erfahren.

Die Diebe – als Freunde getarnt

Wie jeder geschickte Räuber kommen die fünf Diebe häufig in den großartigsten Verkleidungen daher. Ein guter Dieb sieht aus wie ein Freund, bevor er uns beraubt. Während wir uns jeden dieser fünf Diebe genauer ansehen, werden Sie erkennen, dass diese Ganoven im Gewand einer konstruktiven Kraft in unserem Leben erscheinen, nur, um uns irgendwann hereinzulegen. Aus diesem Grund besteht der erste Schritt darin, sie als das zu erkennen, was sie in Wahrheit sind – um sie dann aus dem Haus zu werfen.

Das Ziel ist, die fünf gedanklichen Muster aus unserem Leben zu verbannen, sowohl auf individueller wie auch auf gesellschaftlicher Ebene. Die fünf Diebe sind: *Kontrolle, Hochmut, Begehren, Konsum* und *Bequemlichkeit*.

Die Diebe stehlen auch gesellschaftliches Glück

In den letzten Jahrhunderten ist viel über die wahre Natur des Menschen debattiert worden. Sind wir von Haus aus egoistisch oder altruistisch? Sind wir zu Kummer oder Lebensfreude geboren? Sind wir liebend oder gewaltbereit? Wie Heuschrecken, weil wir unserem Planeten die Ressourcen rauben, um damit unser Leben zu verlängern? Oder eher wie Bienen, denen wir das Leben auf der Erde verdanken?

Um die Frage nach unserer wahren Natur zu beantworten, lohnt es sich, darüber nachzudenken, wie *Homo sapiens* dazu gekommen ist, die Welt zu dominieren. Biologen wie Edward O. Wilson in *Die soziale Eroberung der Erde, Eine biologische Geschichte des Menschen* oder Yuval Noah Harari in *Eine kurze Geschichte der Menschheit* bieten überzeugende Belege dafür, dass es die beispiellose menschliche Fähigkeit zur Kooperation ist, die es unseren Vorfahren ermöglicht hat, derart erfolgreich zu sein und die Welt zu erobern. Freilich haben Menschen auch immer miteinander konkurriert, wie all die Kriege bezeugen. Doch die wahre Geschichte menschlichen Fortschritts ist die von mitfühlender Kooperation. Anders als jede andere Art haben wir gelernt, auch mit Fremden zusammenzuarbeiten, um ein gemeinsames Ziel zu erreichen.[2]

In der Tat weisen Belege darauf hin, dass ein Großteil unserer »dunkleren« Natur auf späte Entwicklungen zurückgeht. Die meiste Zeit unseres Daseins, ungefähr 99 Prozent, seit der unsere Spezies existiert, haben wir als Jäger und Sammler in Stämmen zusammengelebt. Das änderte sich erst mit dem Aufkommen der Landwirtschaft. Es gibt zwar nicht viele Belege dafür, doch allem Anschein nach hat die Vorstellung von unseren Vorfahren als kriegerische Wilde nur wenig mit der Realität zu tun. Unsere Ahnen scheinen anderen Menschen gegenüber nur selten gewalttätig gewesen zu sein. Sie zeigten Mitgefühl und kooperierten, etwa indem sie regelmäßig das Essen miteinander teilten. Sie fühlten sich außerdem stark mit der Natur verbunden, anstatt im Konflikt mit ihr zu stehen. Heutige Stämme von Jägern und Sammlern handeln noch in diesem Geist. Einiges spricht dafür, dass es die landwirtschaftliche Revolution sowie der Begriff von Besitz waren, die die Entstehung dessen begünstigten, was wir mit der dunklen Seite des Menschen in Verbindung bringen.[3]

Das soll nicht heißen, dass alle Menschen ausnahmslos gut sind. Doch unsere ursprüngliche Natur – das zentrale Merkmal unseres kollektiven Selbst – ist das eines mitfühlenden Wesens, das mit anderen zusammenarbeitet. Hier liegt die Wurzel unseres Erfolgs. Ganz ähnlich wie das natürliche Glück wird diese ursprüngliche Eigenart durch einen Schleier aus Fehlvorstellungen verdeckt.

Die Diebe spielen in unserer Gesellschaft eine ebenso große Rolle wie in unserem persönlichen Leben. Mir geht es darum zu zeigen, dass all das, was uns das Glück auf persönlicher Ebene nimmt, auch unserem Anspruch auf einen rechtmäßigen Platz auf dieser Erde als konstruktive, kreative Kraft im Wege steht. Die Welt, die uns umgibt, ist der Spiegel unseres Innenlebens.

Wenn wir eine bessere Welt wollen, muss jeder von uns bei sich selbst anfangen. Das erklärt, warum sämtliche spirituelle Traditionen uns dazu aufrufen, zunächst an unserem Innenleben zu arbeiten, bevor wir die Welt zu retten versuchen, und warum die Positive Psychologie davon ausgeht, dass soziales Verhalten aus einem inneren Zustand der Zufriedenheit gespeist wird, nicht andersherum.

Wie ich dazu kam, die Diebe zu benennen

Bevor wir dazu übergehen, uns eingehender mit den fünf Dieben zu befassen, möchten Sie vielleicht wissen, wie ich ihnen ihre Namen gegeben habe. Offenkundig gibt es zahllose gedankliche Muster, die uns unserer natürlichen Zufriedenheit berauben könnten. Als ich auf dem Jakobsweg und durch die Anden wanderte, verschmolzen verschiedenste Diebe vor meinem inneren Auge. Ich begann, die gedanklichen Muster, die sich mir aus den Interviews für *Die fünf Geheimnisse* und aus meinem eigenen Leben offenbart hatten, mehr auf der Basis von Intuition und Weisheitstraditionen und weniger auf wissenschaftlichen Grundlagen zu betrachten.

Knüpft man an die alten Traditionen an, so bemerkt man die Ähnlichkeiten, die die Diebe mit den gedanklichen Mustern aufweisen, wie sie hinter den fünf Hindernissen des Buddhismus, den sieben Todsünden im Christentum oder den fünf Dieben des Sikhismus stecken. Zwar werden sie in diesen Traditionen anders bezeichnet, doch im Grunde sind Kontrolle, Hochmut, Begehren, Konsum und Bequemlichkeit von höchster Bedeutung für die heutige Zeit und zugleich Teil der Weisheiten dieser Traditionen.

Ich wünsche mir, dass Menschen jeglichen Glaubens hinter dieser uralten Weisheit Antworten auf die Frage finden, was zwischen uns und der gelassenen Zufriedenheit steht, nach der wir uns so sehnen und die zugleich das höchste Potential unserer menschlichen Möglichkeiten darstellt.

Der erste Dieb: Kontrolle

Die Geschichte von Buddha ist vielen von uns vertraut. Man geht davon aus, dass Siddhārta Gautama zwischen 580 und 460 vor Christus als Sohn einer nordindischen Fürstenfamilie zur Welt kam.[1] Laut einer Weissagung sollte Siddhārta entweder zu einem mächtigen Herrscher heranreifen oder aber, wenn er mit dem Leid dieser Erde in Berührung käme, zu einer großen geistigen Führungsfigur. Um ihn für ein Leben als König vorzubereiten, lenkte sein Vater das Leben des jungen Prinzen und unterband den Kontakt mit religiösen Gurus, um ihn von den Verwüstungen der damaligen Zeit, dem Leiden und dem Tod fernzuhalten.

Im Alter von 29 Jahren entschloss sich Siddhārta, den Hof zu verlassen. Der Legende nach traf er kurz darauf auf einen alten Mann, später einen Kranken, danach auf eine verwesende Leiche und schließlich auf einen Asketen (jemand, der aus spirituellen Gründen den Freuden des Lebens abschwört). Der Prinz, nie zuvor mit Leiden oder Tod konfrontiert, erkannte, dass wir altern, dass wir krank werden und schließlich sterben. Er entwickelte eine tiefe Depression und beschloss, einige Jahre als Asket zu leben. Dennoch vermochten es auch sechs Jahre streng enthaltsamen Lebens nicht, ihm innere Erleuchtung zu bringen.

Nachdem er im Alter von 35 Jahren als Folge des asketischen Lebens beinahe gestorben war, ließ er sich eines Tages unter einem Bodhibaum nieder. Hier schwor er sich, nicht eher aufzustehen, als bis er einen Weg gefunden hatte, sich vom inneren Leiden zu befreien, in dem alle Menschen gefangen sind. Wie es heißt, saß er dort 49 Stunden, bis er schließlich Erleuchtung fand und die vier edlen Wahrheiten erkannte.

Zwar trägt er in der Legende nicht diesen Namen, doch ist es genau der Dieb, mit dem wir uns gleich näher beschäftigen, der Siddhārta auf seine Reise geschickt hat. Dieser unser erster Glücksdieb heißt *Kontrolle*. Er möchte uns glauben machen, dass wir alles im Leben in der Hand haben, anstatt es so nehmen zu müssen, wie es kommt. Die große Wahrheit, die Buddha zuteilwurde, war die, dass unser Unglück auf dem Verlangen gründet, das Leben möge anders sein, als es ist.

Es liegt in der Natur des Lebens, dass wir vieles nicht kontrollieren können. Als menschliche Wesen leiden wir irgendwann, wir werden krank und am Ende sterben. Das sind die drei Lebenswahrheiten, die bei Siddhārta die Depression auslösten. Doch schließlich gelangte er zu der Erkenntnis, dass nicht das Leben und seine Härten uns unseres Glücks berauben und uns Leiden verursachen, sondern vielmehr unser Widerstand dagegen. Unser Verlangen nach innerer Kontrolle ist es, das uns echten, inneren Frieden verwehrt.

Der Affe mit der geballten Faust

Dieser Dieb lässt uns wie jene südostasiatischen Affen werden, die durch einen simplen, aber grausamen Trick von den Einheimischen gefangen werden. Rund um einen Baum hatten die Einheimischen Süßigkeiten verteilt, eine Kokosnuss ausgehöhlt und dabei in die Schale eine Öffnung geschnitten, die gerade groß genug war, dass die Hand eines Affen hindurchpasste. Auch in die Nuss wurden Süßigkeiten gepackt. Als die Affen kamen und die Süßigkeiten rund um den Baum fraßen, nahm sich einer zwangsläufig die Nuss, fasste hinein und griff sich die Leckerei. Doch das Loch war nicht groß genug, um die geballte Faust wieder herauszubekommen.

Verzweifelt versuchte der Affe, die Kokosnuss mitzunehmen, doch egal, wie sehr er sich bemühte, die Schale ließ sich nicht wegbewegen, geschweige denn die Süßigkeiten aus der Schale holen. Das Einzige, was der Affe tun konnte, um sich zu befreien, war, die Faust zu öffnen und auf die Köstlichkeit zu verzichten. Stattdessen kämpfte er mit der Kokosnuss bis zur völligen Erschöpfung. In diesem Zustand brauchten die Inselbewohner den Affen nur noch einzusammeln. Sein Verhaftetsein und seine Unfähigkeit loszulassen waren dem Affen zum Verhängnis geworden.

Aufmerksamkeit ohne Anhaftung

Glück bedeutet, sich darüber bewusst zu sein, was man kontrollieren kann, und hinzunehmen, was man nicht kontrollieren kann. Grundsätzlich resultiert Glück aus dem Verständnis, dass wir zwar unsere Handlungen wie auch unsere Reaktionen auf äußere Gegebenheiten kontrollieren können, *nicht* jedoch die Resultate unseres Handelns. Sich auf das eigene Handeln zu konzentrieren macht glücklich, sich auf die Ergebnisse des eigenen Handelns zu konzentrieren hingegen unglücklich.

Auf den ersten Blick scheinen Buddha und Jesus völlig unterschiedlich an Erleuchtung und Erlösung herangegangen zu sein (die Begriffe tauchen in beiden Traditionen auf). Beschäftigt man sich jedoch eingehender mit diesen Lehren, so fällt auf, dass beide betonen, wie wichtig es ist, sich auf das, was der gegenwärtige Moment bringt, einzulassen. Genau das hat den Buddhisten Thích Nhât Hanh dazu bewogen, die Ähnlichkeiten der beiden in vielen Texten hervorzuheben.

Indem Jesus seine Jünger dazu aufforderte, sich die Lilien auf dem Felde zum Vorbild zu nehmen, da diese nach nichts strebten, verwies er auf genau diesen spirituellen Aspekt. Und auch als er fragte: »Wer von euch kann mit all seiner Sorge sein Leben auch nur um eine kleine Zeitspanne verlängern?«[2], bezog er sich darauf. Nicht mangelnde Kontrolle verursacht Leiden, vielmehr ist es unser immenses Kontrollbedürfnis, das dauerhaftem Glück und Frieden im Wege steht.

In einem der großartigsten Momente meines Lebens wurde

mir der Unterschied zwischen Aufmerksamkeit und Anhaftung klar. *Aufmerksamkeit* entspricht der Energie und den Entscheidungen, die ich treffe, während *Anhaftung* für das innere Bedürfnis steht, etwas zu kontrollieren, das sich nicht kontrollieren lässt. Ziele beziehungsweise Vorstellungen zu haben, was in einer bestimmten Situation passieren sollte, ist in Bezug auf Glück nicht weiter problematisch. Erst wenn wir uns darauf festlegen (an der Vorstellung »anhaften«), ein bestimmtes Ergebnis zu erreichen, kommt der Dieb ins Spiel. Es sind also weniger unsere Absichten, die den Diebstahl unseres Glücks ermöglichen, sondern die Spannungen, die wir empfinden, wenn wir uns von erwarteten Resultaten abhängig machen.

Doch wie können wir den Unterschied zwischen Aufmerksamkeit und Anhaftung erkennen? Während es bei der Aufmerksamkeit darum geht, im gegenwärtigen Moment Handlungen mit einem erhofften Ausgang vorzunehmen, besteht die Anhaftung darin, sich in ein bestimmtes Ergebnis als Quelle unseres Glücks zu »verbeißen«.

Das Ganze lässt sich sehr schön am Beispiel eines Tennismatches veranschaulichen. Auf dem Tennisplatz erntet man jede Menge Glücksgefühle: im freudvollen Erleben, wie Körper, Schläger und Ball zu einer Einheit werden. Ich selbst spiele häufig Tennis und erlebe die großartigsten Momente dann, wenn meine Aufmerksamkeit vollkommen auf das gegenwärtige Spiel gerichtet ist, sorgfältig darauf achtend, wie ich den Ball schlage und meine Füße bewege. Der Augenblick, in dem sich meine Aufmerksamkeit hingegen primär darauf richtet, ob ich einen Punkt mache oder nicht, ist der Moment, in dem das Tennisspiel zu einer Quelle des Unglücks wird. Natürlich hege ich die Absicht, einen Punkt zu machen und vielleicht sogar das Match zu gewinnen, doch handelt es sich dabei um ein Ergebnis, das sich meiner Kontrolle entzieht. Was ich hingegen zu kontrollieren vermag, ist meine Intention, in jedem Augenblick so intensiv wie möglich im Spiel aufzugehen.

Das Leben erinnert stark an ein Tennismatch. Wir sind genau dann am glücklichsten, wenn wir einfach im Moment präsent und nicht ans Ergebnis unseres Tuns gebunden sind.

Häufig entdecken wir, dass das Ergebnis – das Ziel, das wir verfolgen – sich als weniger lohnend herausstellt als das Streben danach (die Intention). Meine Partnerin Janice hat 18 Jahre lang versucht, in die kanadische Baseball-Nationalmannschaft zu kommen! Knapp zwei Jahrzehnte hat sie hart dafür gearbeitet, gespielt und trainiert und jedes Jahr aufs Neue ihr Bestes gegeben. Nie hat es geklappt, bis sie irgendwann, nach all den Jahren, einen Listenplatz bekommen hat. Man könnte nun meinen, dieses Resultat markiere den Höhepunkt ihrer hartnäckigen Bemühungen. Wie sich jedoch herausstellte, war das Gegenteil der Fall. Teil des Teams zu werden war enttäuschend, verglichen mit der Intensität der Momente, wenn sie Jahr für Jahr auf dem Spielfeld wie auf mentaler Ebene versuchte, die bestmögliche Spielerin zu sein (soweit das ihr Potential eben zuließ). Je mehr sie sich auf den Prozess, auf das Tun, auf das Spiel konzentrierte, desto glücklicher war sie.

Kontrolle ist eine Illusion, real ist nur der gegenwärtige Moment

Zu den offenkundigsten Faktoren, die wir zu kontrollieren suchen, gehören Vergangenheit und Zukunft. Nun können wir logischerweise weder beeinflussen, was bereits geschehen ist, noch das, was sich noch nicht ereignet hat. Das Zwillingspaar Bedauern und Sorge (erstgradige Kusinen der Kontrolle) schmälert unsere gegenwärtige Zufriedenheit. Jedes Mal, wenn wir in Bedauern oder Sorgen schwelgen, lassen wir zu, dass wir aus dem natürlichen Zustand der Präsenz fallen.

Dieser Dieb, die Kontrolle, nimmt uns etwas, das naturgemäß uns gehört (nämlich die Präsenz im Augenblick), und speist uns stattdessen mit einer falschen Wahrheit ab (dass wir mit Bedauern und Sorge etwas ausrichten könnten), was uns bloß Elend beschert. Meist tritt dieser Dieb unter dem Deckmantel der Intentionalität auf (der Fähigkeit, sich auf etwas Vorgestelltes zu beziehen). Für sich genommen ist diese Fähigkeit durchaus positiv. Doch letztlich wird der Fokus auf die Kontrolle der Ergebnisse in unserem Leben gelegt – auf diese Weise werden wir unseres Glücks beraubt. Im gegenwärtigen Moment zu sein und alles, was dabei vor sich geht, zu akzeptieren (sprich, die geballte Faust zu öffnen) ist die eigentliche Pforte zum Glück. Doch der Dieb will uns weismachen, wir müssten es nur stark genug versuchen, dann hätten wir es in der Hand zu kontrollieren, wer oder was uns in unserem Leben begegnet.

Leiden ist Widerstand gegenüber allem, was ist

Ein Prinzip, das man im Kopf behalten sollte, ist, dass beinahe sämtliches inneres Leiden im Widerstand gegenüber dem wurzelt, was im gegenwärtigen Moment tatsächlich *ist*. Nicht die Ereignisse in unserem Leben machen uns unglücklich, sondern das Verlangen, sie zu kontrollieren, anstatt anzunehmen, was auch immer ein Augenblick uns bringt. Akzeptanz darf jedoch nicht mit Passivität verwechselt werden. Es geht darum, etwas im Fokus zu halten, ohne sich an ein bestimmtes Ergebnis zu klammern. Etwas erreichen zu wollen ist nicht die Quelle von Unglück, sondern das Verlangen, das Ergebnis zu kontrollieren.

Stellen Sie sich beispielsweise eine Person vor, die mit dem Glauben aufgewachsen ist, eines Tages die Goldmedaille bei den Olympischen Spielen zu gewinnen. Es ist nichts Verkehrtes daran, sich eine Goldmedaille zu wünschen, doch wenn ich eine Goldmedaille als Quelle meines Glücks betrachte, wird mir die Liebe zu meiner Sportart versagt bleiben. Jede Erfahrung wird entweder ein Schritt Richtung Ziel oder davon weg sein. Erreiche ich das Ziel nicht, werde ich mit Enttäuschung entlohnt. Das tibetische Wort *dö chag* bedeutet wortwörtlich »haftendes Verlangen«. Verlangen ist gut; »haftendes« Verlangen nach einem bestimmten Resultat nicht. Die betreffende Person hat es nicht in der Hand, eine Goldmedaille zu gewinnen, kann jedoch in jedem der Schritte auf das Ziel hin völlig präsent sein. Das beinhaltet auch, sich nicht gegen das zu stemmen, was einem naturgemäß gegeben ist; es gilt stattdessen herauszufinden, wie man sich genau damit entwickeln kann.

Die Natur ist ein wunderbarer Lehrer, wenn es um Widerstandslosigkeit geht. Während ich meine selbstauferlegte Auszeit in den peruanischen Anden verbrachte, kam mir genau das in den Sinn, als mir ein kleiner Baum auffiel, der auf einem Felsbrocken in einem Fluss wuchs. Der Baum hätte es sicherlich vorgezogen, auf einer schönen Waldlichtung zu stehen, wo das Leben leichter wäre, doch war das nun mal der Fleck, an dem er sich befand. An diesem unwirtlichen Ort war er gediehen, indem er mit den Elementen um sich herum zusammengearbeitet hatte, anstatt sich gegen sie zu wehren.

Die Fokussierung auf den gegenwärtigen Moment – das Im-Hier-und-Jetzt-Sein – bringen wir vor allem mit dem Buddhismus in Verbindung, doch messen auch die meisten anderen spirituellen und philosophischen Traditionen dieser Haltung eine große Bedeutung bei. Viele Menschen nehmen fälschlicherweise an, dass darin der Schlüssel zum Glück liege, während es in Wahrheit darauf ankommt, Kontrolle abzugeben. Wir fordern uns selbst dazu auf »im Moment zu leben«, so als könnte man auf diesem Wege glücklich werden. In Wahrheit gelangen wir zu innerem Frieden, indem wir annehmen, was im gegenwärtigen Moment geschieht. Es ist nicht grundsätzlich schlecht, über die Zukunft oder die Vergangenheit nachzudenken; es ist das Kontrollbedürfnis, das den Unterschied macht.

Lassen Sie mich das an einem Beispiel veranschaulichen. Wenn ich mich eine Stunde lang in Zukunftsträumen ergehe, etwa über eine Reise, die ich bald machen werden oder meine bevorstehende Hochzeit, dann kann das ein sehr vergnüglicher Zeitvertreib sein. Ebenso könnte ich eine Stunde in Erinnerungen über angenehme oder sogar unangenehme Erfahrungen schwelgen. Auch das kann schön und vielleicht sogar nützlich sein, wenn ich daraus zu Erkenntnissen gelange, dir mir bei aktuellen Entscheidungen helfen.

Die Probleme entstehen, wenn die Kontrolle ins Spiel kommt. Wenn wir über unsere Hochzeit nachdenken, machen wir uns möglicherweise Sorgen, dass es regnen könnte, oder dass wir vielleicht keine ebenso schöne Braut abgeben, wie es die Schwester war, und so weiter. Dem Dieb ist klar, dass wir diese Dinge nicht in der Hand haben, dennoch redet er uns beständig ein, wenn wir uns nur genug Sorgen machten (die Faust fest geballt halten), würden wir auf irgendeine Weise Frieden finden. Natürlich trifft das Gegenteil zu: Wenn wir uns zukünftige Dinge vorstellen, die unter Umständen eintreffen könnten und uns deshalb Sorgen bereiten, müssen wir uns vor dem Dieb in Acht nehmen und sie entschlossen beiseitewischen. Wir können die Zukunft nicht kontrollieren, wir können sie nur erfahren. Glück ist unabhängig von Ergebnissen.

Es ist auch nicht verwerflich, über die Vergangenheit nachzudenken. Zum Beispiel könnte ich über eine gescheiterte Beziehung sinnieren und all die Fehler, die ich so gerne wiedergutmachen würde. Das Gefühl des Bedauerns ist nicht so sehr Quelle des Unglücks wie das Bedürfnis, die Vergangenheit zu kontrollieren. Die Vergangenheit ist, was sie ist. Wir können daraus lernen und eine Lehre für unsere gegenwärtigen Entscheidungen daraus ziehen. Solange ich achtsam akzeptiere, was der gegenwärtige Moment bringt, die Vergangenheit eingeschlossen, halte ich mir diesen Dieb vom Leib. Unzählige Menschen verbringen elende Stunden damit, sich zu wünschen, frühere Entscheidungen zurücknehmen zu können, während es einfach nur darauf ankommt zu akzeptieren.

Das Gehenlassen von Kontrolle ist aber nicht dasselbe wie eine passive Haltung gegenüber der Möglichkeit, den eigenen Lebensweg zu beeinflussen.

Wie Sie Ihren Geist trainieren, Kontrolle abzugeben

Eine Erfahrung zu machen, die einen mit dem gegenwärtigen Moment verschmelzen lässt, sodass man das trügerische Gefühl der Kontrolle aufgibt (das einem zwar mitunter vorläufige Erleichterung, doch niemals inneren Frieden verschafft), kann eine äußerst eindringliche Sache sein. Der Dieb nimmt uns die natürliche Fähigkeit, in der Gegenwart zu leben und alles anzunehmen, was der Moment mit sich bringt (Aufmerksamkeit ohne Anhaftung bzw. Verhaftetsein). Stattdessen wiegt er uns in dem falschen Glauben, man müsse nur stark genug versuchen, alles um einen herum zu kontrollieren, um so Frieden zu finden.

Eine der Erfahrungen, die mich gelehrt hat, diesen Dieb in seine Schranken zu verweisen, war meine Wanderung auf dem Camino de Santiago im nördlichen Spanien, die ich im Sommer 2015 unternommen habe. Der Camino ist ein 750 Kilometer langer Pilgerweg, den Christen seit Jahrhunderten gehen. Er endet an der Kathedrale von Santiago de Compostela in Galizien, wo der Legende nach die Knochen des Apostels Jakobus begraben sind. Obwohl dieser Weg früher ausschließlich Christen vorbehalten war, wandern hier heute Menschen jeglichen Glaubens, Alters und jeglicher Überzeugung, und das aus den verschiedensten Beweggründen.

Ich hatte mehrere Motive für meine Wanderung, unter anderem wollte ich lernen, mehr im gegenwärtigen Moment zu leben. Ich ging im Schnitt 30 Kilometer pro Tag. Meist pilgerte ich kurz vor Sonnenaufgang los, um dann etwa zwei Stunden zu wandern, bis ich einen Ort erreichte, an dem ich Lust hatte, ein leichtes Frühstück zu mir zu nehmen. Wenn ich in den Tag startete, wusste ich nie, wie weit ich gehen, wo ich übernachten, wen ich treffen oder wie mein Körper reagieren würde.

Zu Anfang meiner Reise versuchte ich, jeden Tag zu planen und zu kontrollieren, mit wem ich wandern würde, wo und was ich essen würde, den Ort festzulegen, wo ich schlafen wollte, und so weiter. Es dauerte jedoch nicht lange, bis mir klar wurde, dass der Camino seine eigenen Lektionen erteilt. Mit den Meilen und Tagen, die vergingen, wurde immer offensichtlicher, dass all die Dinge, die ich so dringend regeln wollte, einfach nicht in meiner Hand lagen.

An manchen Tagen war ich in der körperlichen Verfassung, ohne Pausen zu wandern, während an anderen Tagen eine leichte Muskelzerrung, schmerzende Füße, die hohen Temperaturen oder die Begegnung mit einem anderen Pilger die Geschwindigkeit bestimmten. Ich hatte mich oft gedanklich darauf eingestimmt, in einem bestimmten Dorf oder einer Pension zu übernachten, nur um später festzustellen, dass sämtliche Betten ausgebucht waren. Ich entwickelte die fixe

Idee, etwas von dem wunderbaren, frisch gepressten Orangesaft trinken zu wollen und dazu selbstgemachte Tortillas zu essen, wie ich es bereits die ganze Woche mit großem Genuss getan hatte, nur um in den kommenden fünf Tagen die Erfahrung zu machen, dass das, was es zuvor überall gegeben hatte, nirgends aufzutreiben war. Es dauerte nicht lange, bis ich mir der Parallele zwischen der Wanderung auf dem Jakobsweg und dem Lebensweg bewusst wurde. Je stärker ich den Camino so nahm, wie er sich mir zeigte, anstatt einem perfekten Plan verhaftet zu bleiben, desto größer wurden die Zufriedenheit und der Frieden, die mich durchströmten.

Die wichtigste Lektion auf dem Camino erteilte mir jedoch mein Verlangen, andere Menschen zu kontrollieren. Gleich zu Anfang meiner Reise begegnete ich zwei deutschen Pilgern, die ich sehr mochte. Es war sehr angenehm, mit ihnen zu wandern, und wir schlossen sofort Freundschaft. Wir übernachteten ein paar Mal in denselben Unterkünften, häufig in Mehrbettzimmern. Eines Morgens sagte jedoch einer der beiden: »Ich bleibe noch ein wenig länger beim Frühstück.« Die andere Pilgerin legte beim Wandern ein schnelleres Tempo vor, sodass auch sie bald nicht mehr da war. Ich hatte mich darauf eingestellt, mit ihnen viele Tage lang zu gehen, doch plötzlich waren beide weg, und ich blieb ganz allein.

Im weiteren Verlauf der Wanderung gab es Menschen, die ich immer wieder einmal traf. Andere wiederum, mit denen ich wunderbare Stunden in tiefer spiritueller Verbundenheit zubrachte, tauchten nie wieder auf. Der Dieb befeuerte mein Bedürfnis, stets in der Hand zu behalten, mit wem ich für wie lange in Kontakt trat, um so den Verlust von Menschen zu

vermeiden, die mir ans Herz gewachsen waren, beziehungsweise mir gar, wenn nötig, die richtige Person herbeizuzau-
bern.

Doch ich hatte schlicht keinen Einfluss auf die Wünsche
anderer und die verschiedenen Umstände, die dafür sorgten,
dass sich unsere Wege kreuzten oder trennten. Mit den Tagen
und Meilen, die verstrichen, konnte ich mehr und mehr im
gegenwärtigen Augenblick leben, offen für alles, was er mir
brachte. Wenn der Dieb auftauchte, nahm ich ihn nur flüchtig
zur Kenntnis und wies ihm die Tür.

Wir alle glauben gern und wünschen uns, dass es Dinge in
unserem Leben gibt, die für immer da sind. Denken Sie an all
die Erwartungen, die wir hinsichtlich unserer Karriere hegen,
an die Ziele, die wir erreichen wollen, an die Menschen in unserem Leben, die wir lieben und halten wollen, oder an all die
Ereignisse eines normalen Tages, die wir gern planen. Sich an
Plänen festzuklammern, die wir nicht unter Kontrolle haben,
beschert uns nur Unglück. Je mehr Sie sich genau das bewusst
machen, desto stärker werden Sie erkennen, wie sehr wir der
Kontrolle verhaftet sind, wie wir die Kokosnuss des Lebens
gegen einen Baum schmettern, in dem Versuch, an die Süßig-
keit zu kommen. Der Schlüssel zur Freiheit liegt aber nicht im
Inneren einer Kokosnuss, sondern darin, die Faust im gegenwärtigen Augenblick zu öffnen und zu akzeptieren, was auch
immer genau jetzt passiert.

Kontrolle in Beziehungen

Auch in unseren alltäglichen Beziehungen zeigt sich der Dieb. Wir stecken oft sehr viel Zeit in den Versuch, andere zu kontrollieren, was uns unentwegt innerliches Leiden beschert. Wenn Sie sich über mich ärgern und ich mich entschuldige, würde ich Ihre Reaktion sehr gerne beeinflussen. Mein Wunsch, Sie mögen mir vergeben, raubt mir Glück, wohingegen ich mich doch auf das konzentrieren sollte, was ich tatsächlich kontrollieren kann, also in diesem Fall meine ersthafte Entschuldigung. Die Entschuldigung obliegt meiner Kontrolle, Ihre Reaktion darauf hingegen nicht.

Vielleicht möchte ich bestimmen, wie sehr mein Partner sich von mir geliebt fühlt. Möglicherweise empfinde ich selbst Berührungen als Ausdruck von Liebe, während mein Partner Liebe in Gestalt von Unterstützung oder Freundlichkeit wahrnimmt. Dieses Bedürfnis zu kontrollieren, was der andere für Liebe hält, wird mir sehr viel Leid einbringen, während die Akzeptanz dessen, wie der andere Liebe ganz individuell empfindet, mir inneren Frieden bringt.

Mir scheint, dass sehr viel Leid in unseren Beziehungen auf falscher Kontrolle basiert. Wir erwarten, dass unser Partner so handelt und sich so verhält, wie *wir* es uns erhoffen.

Ich möchte das anhand eines persönlichen Beispiels klarer machen. Meine Exfrau und ich waren 15 Jahre zusammen. Obwohl wir einige Krisen hatten, gab es auch Momente unerhörten Glücks. Wir haben bereichernde Erfahrungen mit unserer Familie geteilt und gut zusammengearbeitet. Nach unserer

Trennung schien meine Exfrau das Bedürfnis zu haben, unsere Beziehung herabzuwürdigen und die gemeinsam verbrachte Zeit als »Fehler« und vielleicht sogar als Verschwendung all dieser kostbaren Jahre zu betrachten. Sie sprach nur selten über die guten Zeiten und konzentrierte sich stattdessen auf die Enttäuschungen. Ich empfand diese Zeitspanne als großartigen Lernprozess für uns beide, als essentiellen Teil unseres Lebenswegs. Wir haben gemeinsam bedeutende Arbeit für die Welt geleistet und wahrscheinlich wichtige Aspekte unseres Selbst entdeckt, während wir gleichzeitig andere inspiriert haben.

Einige Jahre nach dem Ende unserer Beziehung hatte ich das starke Bedürfnis, meine Exfrau unsere gemeinsame Zeit in derselben Art und Weise sehen zu lassen, wie ich sie sah. Ich wollte, dass sie mir bestätigte, dass unsere Beziehung wertvoll gewesen war. Sie tauchte häufig in meinen Träumen auf, in denen es immer in irgendeiner Form darum ging, dass ich die Divergenzen beizulegen versuchte. Dann nahm mich eines schönen Tages ein guter Freund beiseite: »Du möchtest kontrollieren, wie sie eure damalige Partnerschaft sieht und das dir gegenüber auch ausdrückst, doch das kannst du nicht. Du hast nur in der Hand, wie *du* diese Zeit siehst.«

In diesem Moment war mir, als würde plötzlich ein Schleier vor meinen Augen gelüftet. Das Verlangen, kontrollieren zu wollen, was ich nicht kontrollieren konnte, war der Dieb meines Glücks. Nicht ihre Sicht unserer Beziehung raubte mir den Frieden; es war mein unrealistischer Fokus darauf, ihre Sicht der Partnerschaft kontrollieren zu wollen.

Von diesem Augenblick an versuchte ich mich immer, wenn

mich dieses Verlangen erneut überkam, auf das zu konzentrieren, was ich tatsächlich beeinflussen konnte, also darauf, dass ich diese Jahre als wertvoll, wichtig und vielleicht auch turbulent betrachtete. Interessanterweise habe ich von diesem Tag an nie mehr von ihr in Verbindung mit ungelösten Konflikten geträumt.

Hingabe – die entgegensetzte Kraft

Das Gegenteil von Kontrolle ist Hingabe: vollständige Akzeptanz dessen, was ein Moment mit sich bringt. Hier ein einfaches Beispiel: Den ganzen Tag freuen Sie sich auf eine Partie Golf, doch die Wetteraussichten sind eher ungünstig. Die Regenwahrscheinlichkeit liegt bei 50 Prozent. Sie beobachten nervös den Himmel und überprüfen den Wetterbericht. Natürlich wissen Sie, dass Sie das Wetter nicht beeinflussen können, doch sie bleiben hartnäckig. Sie klammern sich an die Vorstellung, unbedingt Golf spielen zu müssen, um zufrieden zu sein. Gegen Nachmittag ist der Himmel noch klar, später verdunkelt er sich jedoch mit einem Mal, und es geht ein Platzregen nieder. Der Dieb hat Ihnen den gesamten Tag ruiniert. Anstatt sich den Gegebenheiten anzupassen – es könnte regnen oder auch nicht, und ich habe beides nicht in meiner Hand –, widersetzen Sie sich den Tatsachen. Hingabe bedeutet, damit aufzuhören, den natürlichen Lauf der Dinge zu bekämpfen.

Das hat nichts mit Passivität zu tun. Ich schlage Ihnen vielmehr vor, aus einer Position heraus zu handeln, die ich *Ener-*

gie der Hingabe nenne. Es ist kein Problem, über einen Plan B nachzudenken, für den Fall, dass das Spiel ins Wasser fällt oder darüber, ob es möglicherweise auf nächste Woche verschoben werden könnte. Was ich allerdings nicht tue, ist, mich davon abhalten zu lassen, das zu akzeptieren, was wirklich passiert.

Der Kontroll-Dieb ist überaus heimtückisch und beeinflusst uns auf höchst subtile Weise. Eine Freundin von mir wurde vor Jahren von ihrem Partner hintergangen. Es kam deshalb beinahe zur Trennung. Kürzlich erzählte sie mir, sie hätte sich lange Zeit gewünscht, er möge ihr einen Heiratsantrag machen und dass sie stolz gewesen wäre, seinen Ring zu tragen. Jetzt, so sagt sie, lege sie keinen Wert mehr auf diesen Ring, denn »was, wenn er mich eines Tages wieder betrügt und ich mit der Beschämung leben muss, als seine Ehefrau verlassen worden zu sein? Dann doch lieber als seine Freundin«.

Hinter unserem Kontrollbedürfnis verbirgt sich häufig der Wunsch, zukünftige Verletzungen vermeiden zu können, die vielleicht eintreffen – oder eben auch nicht. In diesem konkreten Fall hat das befreundete Paar seit seinem Fehltritt enorme Fortschritte gemacht. Ja, sie waren auf dem besten Weg, eine Beziehung zu führen, die so gut war wie nie zuvor. Dennoch wollte meine Bekannte die Möglichkeit von Enttäuschung und Schmerz ausschließen, die sie irgendwann treffen könnte. Indem sie es dem Dieb gestattete, sie durch List zu der Überzeugung zu bewegen, sie könnte zukünftige Schmerzen kontrollieren, schloss sie in Wahrheit aus, das zu erlangen, was sie eigentlich wollte: eine dauerhafte Bindung. Natürlich könnte sie erneut von ihrem Partner betrogen und verletzt werden.

Doch indem sie dem Dieb eine so dominante Stellung einräumte, hielt sie nicht nur potentielle Verletzungen von sich
fern, sondern auch das Glück (in diesem Fall, mit ihm verhei-
ratet zu sein).

Wenn wir den Einflüsterungen dieses Diebs folgen, werden wir eine Mauer errichten und einen Schutzhelm tragen,
um uns vor sämtlichen Eventualitäten zu schützen. Doch wie
schon Buddha erkannte, als er den Palast verließ, sind wir
zwar nicht in der Lage, mögliches Leiden zu vermeiden, aber
wir können es akzeptieren und so zu innerer Zufriedenheit gelangen. Dann können wir das Leben nehmen, wie es ist, und
uns wie Buddha niederlassen, offen für das, was kommt.

Wie Sie den Dieb aus dem Haus werfen

Inzwischen haben Sie wahrscheinlich begriffen, wie der Dieb
namens Kontrolle uns das Glück stiehlt. Doch wie können wir
ihn aus unserem Haus werfen? Der erste Schritt besteht darin
zu erkennen, dass es sich um *Ihr* Haus handelt. In vielen spirituellen Traditionen wird vom Geist als Tempel oder Palast gesprochen. Ich empfinde das als eine sehr hilfreiche Metapher,
weil ein Tempel ein heiliger Ort ist, um den man sich besonders gut kümmern muss. Ihr Geist ist der Tempel Ihrer Glückseligkeit. Und Sie haben das Recht zu bestimmen, wer den
Tempel betreten und sich dort aufhalten darf.

Es gibt dazu eine lehrreiche, wenn auch nicht belegte Geschichte über einen Mann, dem Buddha kurz nach seiner Erleuchtung begegnet sein soll. Dieser Fremde, den Buddha auf

der Straße traf, war derart beeindruckt von dessen gelassener Ausstrahlung, dass er fragte: »Bist du ein Gott?«

Buddha antwortete: »Nein, das bin ich nicht.«

»Was bist du dann?«, wollte der Mann wissen.

Und Buddha erwiderte ganz einfach: »Ich bin wach.«

Der Frieden, den Buddha verströmte, war der eines Menschen, der erwacht war.

Beim Wachsein geht es um Achtsamkeit – genau zu beobachten, was vor sich geht. Eine Definition von Achtsamkeit lautet: »Sich in nichtwertender Weise seiner Gedanken, Emotionen oder Erfahrungen im gegenwärtigen Moment stark oder auch völlig bewusst zu sein.«[3] Wach und achtsam zu sein bedeutet, bewusster wahrzunehmen, was in Ihrem Geist, dem Tempel Ihrer Glückseligkeit, vor sich geht.

Die beiden Schlüsselelemente der Achtsamkeit sind das gegenwärtige Bewusstsein und der Verzicht auf Wertung. Wenn wir achtsam sind, sind wir uns beständig dessen bewusst, was in unserem Geist abläuft, und zwar auf eher neugierige anstatt wertende Weise. Sobald wir das verstanden haben, sind wir bereit zu lernen, wie wir mit den Dieben fertigwerden. Auch wenn wir sie aus dem Haus werfen wollen, müssen wir erkennen, dass sie Teil unseres inneren Wesens sind, nicht nur unbekannte Besucher. Wir Menschen mögen es, Dinge zu kontrollieren, und hin und wieder hilft uns das tatsächlich weiter; doch wenn wir unserem Kontrollbedürfnis das Regiment im Haus überlassen, werden wir eher unglücklich als glücklich.

Wir vermögen unsere Gedanken nicht immer zu kontrollieren, doch können wir achtsam sein und diese erkennen, indem wir eine nicht wertende Position einnehmen. Wir können entscheiden, welchen gedanklichen Mustern wir dauerhaft ein Schlafzimmer in unserem Tempel zur Verfügung stellen wollen. Es ist unsere Entscheidung, welchen Gedanken wir es erlauben, viel Raum einzunehmen. Dennoch verhalten sich viele Menschen so, als hätten nicht sie das Sagen über ihren Geist, und wollen die Zukunft durch unablässiges Kopfzerbrechen kontrollieren.

Der wichtigste Aspekt der Achtsamkeit ist wohl die Fähigkeit, eine Sache behutsam beiseitezuschieben, sobald wir uns ihrer bewusst geworden sind. Dieser Schritt ist wesentlich, wenn es darum geht, Verhaltensweisen zu ändern, die uns letztendlich nicht dienlich sind.

Um das zu erklären, möchte ich Ihnen von meinen Erfahrungen beim Meditieren berichten. Meine erste Meditationslehrerin war Deborah Klein, die Frau des Co-Autors meines Buches *Awakening Corporate Soul: Four Paths to Unleash the Power of People at Work*. Deborah hatte damals bereits einige Jahre Yoga praktiziert. Obwohl es bei Meditation im Kern darum geht, den Geist zu beruhigen und einzuüben, im Hier und Jetzt zu sein, besteht das übergeordnete Ziel darin, Herrscher oder Herrscherin über den inneren Tempel zu werden. Viele Menschen sprechen vom sogenannten Affengeist, eine buddhistische Bezeichnung für einen Geist, der »leicht ablenkbar, unruhig, launisch, unberechenbar, phantasievoll, unbeständig, verwirrt, unentschlossen, unkontrollierbar«[4] ist.

Das Ziel von Meditation ist, den Geist zum gegenteiligen Verhalten anzuhalten, also bewusst, wach und beständig zu sein.

Als ich mit dem Meditieren anfing, fiel es mir schwer, meinen »Affengeist« zu beruhigen; Sorgen, Aufgaben oder Gedanken hielten mich vom inneren Frieden ab. Ich fragte Deborah um Rat.

Sie antwortete: »Wenn dir ein störender Gedanke durch den Kopf geht, möchte ich, dass du dir dessen einfach nur bewusst bist und dir dann vorstellst, wie deine Hand ihn vorsichtig beiseiteschiebt, als ob sie sagen wollte: *nicht jetzt.*«

Es geht also darum, sich des Gedankens, ohne ihn zu beurteilen oder sich gegen ihn zu wehren, mit gelassener Bewusstheit zu bemerken und ihn dann beiseitezuschieben. Das ist ein subtiles, aber wichtiges Element im Umgang mit den Dieben und im Training für Glück. Das Letzte, was wir tun sollten, ist, uns für die Anwesenheit des Diebs niederzumachen. Wenn wir gegen etwas ankämpfen, besteht es fort.

Ich gebe zu, dass es zahlreicher Übungsstunden bedurfte, bis mein flatteriger Geist es schaffte, sich zu fokussieren. Am Anfang fühlte es sich an, als müsste ich mit imaginären Händen ständig irgendwelche Gedanken beiseiteschieben. Doch bald wurde ich mir einer kraftvollen Wahrheit bewusst, die für immer ändern sollte, wie ich meine innere Welt betrachtete. Ich erkannte, dass ich wach und aufmerksam bin; ich habe die Kontrolle über meinen Geist. Der Tempel hat einen Herrscher, und das bin ich. Bald war die Gewohnheit, den Geist zu klären, mächtiger als jene, sämtlichen auftauchenden Gedanken zu gestatten, sich niederzulassen.

Die drei Schritte

Lassen Sie uns diese Vorstellung von Achtsamkeit auf die Diebe übertragen. Wenn ich im Alltag einem Dieb begegne, halte ich mich an drei einfache Schritte: wahrnehmen, stoppen und ersetzen. Als Erstes nehmen wir die Gegenwart des Diebs wahr, dann stoppen wir ihn, indem wir ihn vorsichtig beiseiteschieben, und entscheiden dann, welchem anderen Gedanken wir es erlauben, die Herrschaft zu übernehmen. Wir müssen den Dieb also zunächst erwischen (wahrnehmen), ihn dann festnehmen (stoppen), um ihn schließlich hinauszuwerfen oder zumindest zu bessern (ersetzen oder transformieren).

Lassen Sie mich das Ganze am Beispiel Golf spielen veranschaulichen. Ich gehe unglaublich gern am Abend Golf spielen. Wie besessen überprüfe ich vormittags und nachmittags den Wetterbericht, wenn es wechselhaft ist. Dieses Bestreben, das Wetter kontrollieren zu wollen, dämpft dann an diesen Tagen meine Zufriedenheit. Beinahe alles Leiden hat ja seine Wurzel im Widerstand gegenüber dem, was ein Moment uns bringt. Es ist nicht die Sache an sich, die uns leiden lässt; vielmehr ist der *Widerstand* gegen das, was im Moment geschieht, die Ursache unseres Leidens. Ich nehme also die Anwesenheit dieses Diebs wahr – das Verlangen, das Wetter oder die Zukunft kontrollieren zu wollen, anstatt anzunehmen, was auch immer da kommt. Ich bemerke den Dieb und entscheide dann, ihm behutsam die Tür zu weisen und zu akzeptieren, dass ich das Wetter nicht ändern kann.

Nun folgt noch ein wichtiger dritter Punkt. Ich habe den Dieb entdeckt und demaskiert. Ich habe den inneren Dialog beendet, der mir meine Ruhe nimmt (*um glücklich zu sein, muss ich Kontrolle haben*). Jetzt geht es um den dritten elementaren Schritt, der darin besteht, den Gedanken zu ersetzen.

Zu ersetzen bedeutet, ein neues gedankliches Muster beziehungsweise einen anderen Filter, durch den ich mein Leben betrachte, bei der Hand zu haben. In unserem Fall besteht die alternative Sichtweise darin zu akzeptieren, was auch immer der Moment bringt, und genau das anzunehmen; ich weiß, dass ich nur meine eigenen Gedanken und Absichten zu kontrollieren vermag.

Dasselbe können wir auch auf meine betrogene Freundin anwenden, von der ich weiter oben erzählt habe. Zunächst muss sie wahrnehmen, dass der Dieb sie davon abhält, sich wieder voll und ganz auf die Beziehung einzulassen. Es ist klar, dass sie wieder verletzt werden könnte, und es ist klar, dass sie das nicht in der Hand hat. Sie erwischt den Dieb und nimmt ihn fest. Statt kontrollieren zu wollen, ersetzt sie das Muster und akzeptiert, was auch immer die Zukunft ihrer Beziehung mit sich bringen wird. Sie ist bereit, das Leben so anzunehmen, wie es eben kommt. Zufriedenheit und Gelassenheit treten an die Stelle der Sorgen.

So einfach ist das aber nicht, werden Sie einwenden, und damit haben Sie recht. Ein untrainierter Geist ist wie jener Affengeist. Ich erinnere mich noch gut an meine Anfangszeit beim Meditieren, wie frustriert ich war, weil ich meinen Geist nicht beruhigen konnte. Heute, Jahre später, ist Meditation zu einer natürlichen Sache für mich geworden, und ich schaffe es meistens ganz leicht, geistig ruhig zu werden. So ist es auch mit den Dieben: Zunächst wird es Ihnen schwerfallen, sie wahrzunehmen, zu stoppen und zu ersetzen. Der Verstand wird Ihnen sagen, dass das schlichtweg unmöglich ist. Es ist aber nicht nur möglich, sondern die Grundvoraussetzung dafür, zu langanhaltender Zufriedenheit und zu Glück zu gelangen.

Ich schlage Ihnen vor, es auf einen zweiwöchigen Versuch ankommen zu lassen. In diesen beiden Wochen üben Sie, sich bewusst zu werden, wenn Sie entweder glauben, Ihr Glück hänge von einem bestimmten Ergebnis ab, oder merken, dass Sie sich dem widersetzen, was ein Moment mit sich bringt. Anschließend trainieren Sie die drei Schritte: Den Dieb wahrnehmen, ihn stoppen, um ihn schließlich durch folgende Worten zu ersetzen: *Ich beschließe, voll und ganz im gegenwärtigen Moment zu leben und ihn mit allem, was er bringt, anzunehmen.*

Vielleicht geraten Sie nach einem anstrengenden Arbeitstag in den Stau. Sie sehnen sich danach, gemütlich mit Ihrem Partner auf dem Sofa zu entspannen. Jetzt stecken Sie fest und haben keine Ahnung, wie lange sich das noch hinziehen wird. Horchen Sie in diesem Moment in sich hinein, wie der dringende Wunsch nach Kontrolle und danach, zu Hause zu sein, Ihnen die Ruhe nimmt. Stellen Sie den Dieb, indem Sie ihm freundlich die Tür weisen, als wollten Sie sagen: »Du wirst mich nicht bestehlen!« Ersetzen Sie ihn dann durch ein neues gedankliches Muster: *Ich beschließe, voll und ganz im gegenwärtigen Moment zu leben und ihn mit allem, was er bringt, anzunehmen. Mein Glück liegt hier, nicht in der Vorstellung, zu Hause zu sein.* Ihr Fokus wird sich dann darauf verschieben, wie Sie diesen Moment im Stau so glücklich gestalten können wie irgend möglich. So wie der Baum, dessen Samen auf einem Felsen ausgetrieben ist, werden auch Sie stets nach Wegen suchen, um sich zu entfalten – selbst in einem Stau.

Wenn es darum geht, gedankliche Muster zu ersetzen, sind Mantras sehr hilfreich. Ein *Mantra* ist eine heilige Silbe, ein heiliges Wort oder ein heiliger Vers. Die spirituelle Kraft soll sich durch Rezitieren bzw. Wiederholen im Diesseits manifestieren. Obwohl der Begriff *Mantra* aus dem Sanskrit kommt (wörtlich übersetzt bedeutet er »Instrument des Denkens«), finden sich Mantras in beinahe allen östlichen und westlichen Traditionen. Sie eignen sich hervorragend, um den Geist zu trainieren.

Ein Mantra zur Linderung des Kontrollbedürfnisses könnte wie folgt aussehen:

Ich beschließe, in diesem gegenwärtigen Moment aufzugehen und zu begrüßen, was auch immer er bringt. Glückseligkeit ist nicht das Ergebnis, nach dem ich strebe.

Kontrolle in der Gesellschaft

Wie schon erwähnt, ist die uns umgebende Welt, also das, was wir gemeinhin als »Gesellschaft« bezeichnen, nur eine Erweiterung unseres Innenlebens. Auch hier finden wir den Kontroll-Dieb.

Ein gutes Beispiel ist unser Verlangen, andere zu kontrollieren, indem wir ihnen unsere Weltsicht aufdrängen möchten. Wir reagieren schnell verärgert, wenn jemand einen Standpunkt vertritt, der sich von unserem unterscheidet.

Jeder ist seiner eigenen Weltsicht verhaftet. Ein Großteil der politischen Kontroversen beruht wohl auf dem Bedürfnis, unsere Emotionen zu kontrollieren, wenn andere nicht mit uns übereinstimmen. Psychologen sprechen hier von *kognitiver Dissonanz*: Wir wünschen uns eine innere Welt, die möglichst wenige Widersprüche aufweist. Die Theorie der kognitiven Dissonanz wurde 1957 vom US-amerikanischen Sozialpsychologen Leon Festinger entwickelt. Sie geht davon aus, dass Menschen ein starkes Motiv dafür haben, diese »kognitive Übereinstimmung« aufrechtzuerhalten. Wir möchten an unseren Überzeugungen festhalten und das, soweit möglich, ohne innere Konflikte. Doch dieses Bestreben, innere Konflikte zu vermeiden, hält uns davon ab, in einen authentischen Dialog mit jenen zu treten, die uns widersprechen.

Werden unsere Überzeugungen in Frage gestellt, kommt es zu einer Diskrepanz, die schließlich in einen Zustand der Spannung, genannt *Dissonanz*, mündet. Weil die meisten von uns Dissonanzen, also innere Spannungen, als unangenehm empfinden, sind wir motiviert, sie zu reduzieren oder auch zu eliminieren. Wir möchten innere *Konsonanz*, sprich *Übereinstimmung*, zwischen unseren Überzeugungen und der äußeren Realität herstellen. Wir versuchen, den Schmerz zu lindern, den uns das Gefühl des Kontrollverlustes beschert. Deswegen umgeben wir uns gern mit Menschen, die unsere Weltsicht bestätigen.

Unsere online vernetzte Welt ist ideal, um in einer Informationsblase Dissonanzen zu vermeiden. Zwar bietet uns das Internet die Gelegenheit, auch solche Standpunkte kennenzulernen, die sich von unseren unterscheiden, doch ist es ebenso möglich, sich nur jenen Sichtweisen auszusetzen, die den eigenen entsprechen. Auf diese Weise reduzieren wir jegliche Dissonanzen, die unter Umständen aufkämen, würde uns bewusst, dass unsere Ansichten und Überzeugungen nicht unbedingt der Weisheit letzter Schluss sind und womöglich nur von wenigen geteilt werden. Dabei könnten wir etwas lernen, wenn wir uns erlaubten, diesen Konflikt zu durchleben. Wir wehren uns dagegen, unsere Sichtweise zu hinterfragen und womöglich zu relativieren, als Gesellschaft voneinander zu lernen und so mehr Gemeinsamkeiten zu entwickeln.

Ich möchte Ihnen ein konkretes Beispiel nennen: Seit beinahe zwei Jahrzehnten herrscht in der amerikanischen Gesellschaft eine tiefe Kluft zwischen politisch rechten und linken Ansichten. Kaum jemand traut sich noch, sich politisch zu äußern, wenn das Gegenüber nicht zweifelsfrei die eigene Meinung teilt. Viele Freunde haben mir schon von hitzigen Debatten in der Familie oder gar am Arbeitsplatz erzählt. Konstruktive Dialoge sind leider eine Seltenheit. Das ist zweifellos schlecht für das Land und eine Gesellschaft, die in der Lage ist, komplexe Probleme zu lösen.

Ein Grund dafür liegt wohl darin, dass sich jeder vor Dissonanz zu schützen versucht. Deswegen schauen und hören wir gerne Nachrichten, die unsere Weltsicht bestätigen. Es verwundert daher kaum, dass der am häufigsten eingeschaltete TV-Kanal während des republikanischen Nominierungspartei-

tages 2012 der rechtskonservative Sender Fox war, die Demo-
kraten auf ihrem Parteitag hingegen MSNBC und CNN, eher
linksgerichtete Kanäle, sahen.[5] Die Menschen wählten also
genau den TV-Sender, der ihren eigenen Standpunkt bestätigte. Dieses Phänomen wird in der Fachsprache *Confirmation
Bias* oder auf Deutsch *Bestätigungsfehler* genannt.

Konservative wie auch Liberale halten ironischerweise so
unverbrüchlich an ihren Ansichten über sich selbst und die
anderen fest, dass sie fast nur noch jenen zuhören, deren
Überzeugungen sie längst teilen. Dissonanzen und ein Gefühl
des Unwohlseins können so kaum aufkeimen, eventuell auf-
wallender Ärger wird vermieden. Wir behalten die Kontrolle.
Wenn aber jeder nur noch versucht, seine eigene Sicht der
Dinge zu bestätigen, wird es unmöglich, einen Mittelweg zu
finden. Aus Gesprächen, in denen wir uns lediglich um unseren eigenen Standpunkt drehen, lässt sich nur sehr wenig
lernen.

Achten Sie das nächste Mal, wenn Sie mit jemandem diskutieren, der anderer Meinung ist, oder etwas sehen, das Ihrem
Confirmation Bias widerspricht, auf den Dieb. Er versucht, jegliche Wahrnehmung von Dissonanz von Ihnen fernzuhalten,
da Sie ansonsten Gefahr liefen, Ihre Überzeugungen überdenken zu müssen. Anstatt also weiterhin einfach an Ihren Überzeugungen festzuhalten oder sich zurückzuziehen, reagieren
Sie besser achtsam.

Ich habe sowohl in Israel wie auch in Palästina einige Zeit
gelebt und kenne dieses Phänomen somit aus erster Hand.
Natürlich gibt es *Confirmation Bias* auch zwischen Kapita-
listen und denjenigen, die für mehr staatliche Kontrolle der

Märkte plädieren, genauso wie zwischen Wirtschaftsliberalen und Umweltschützern. Der Dieb raubt uns die Möglichkeit, in einen echten Dialog zu treten. Diesen brauchen wir aber dringend, da unsere Zivilgesellschaft auf Dialog basiert.

Manche werden einwenden, dass es nicht die Kontrolle ist, die uns davon abhält, andere Standpunkte in Betracht zu ziehen oder Informationen zu suchen, die unsere Ansichten in Zweifel ziehen könnten. Sondern vielmehr die moralische Überzeugung, wir wären im Recht. Ich möchte gar nicht dazu aufrufen, tiefverwurzelte Überzeugungen über Bord zu werfen, noch möchte ich behaupten, dass es nicht Ansichten gäbe, die eine höhere objektive Gültigkeit haben als andere. Vielmehr müssen wir erkennen, dass wir zur Entstehung einer Gesellschaft beitragen, in der Harmonie nur schwer zu erreichen ist, wenn wir andere zu kontrollieren versuchen, weil wir die Übereinstimmung mit ihnen brauchen, oder weil wir unangenehme Empfindungen vermeiden wollen, die in uns aufsteigen, wenn unsere Überzeugungen angezweifelt werden. Die Verhaftung an unsere Vorstellungen und Überzeugungen kann eine ebenso zerstörerische Wirkung auf die Gesellschaft haben, wie es das beharrliche Bestreben, Ereignisse und Menschen zu kontrollieren, auf unser persönliches Glück haben kann.

Die Geschichte von Jack

Als junger Theologiestudent machte ich in Chicago 1980 eine Erfahrung, die mir die verheerende Wirkung von Kontrolle vor Augen führte.

Eines meiner Seminare wurde von einer Professorin mit äußerst liberalen Ansichten geleitet. Dr. Collins lehrte uns, dass die Bibel nicht wörtlich genommen werden sollte; sie ermutigte uns stattdessen, die Entstehungsgeschichte der Bibel kritisch zu hinterfragen. Sie wies uns darauf hin, dass viele Ereignisse aus den Evangelien, welche über das Leben Jesu berichten, sich wahrscheinlich nicht wie in der Bibel dargestellt zugetragen haben, und dass einiges von dem, das Jesus gesagt hat, ihm möglicherweise später von anderen in den Mund gelegt worden ist.

Ich hatte schwer zu kämpfen in Dr. Collins' Seminar. Es war hart, dass einige meiner Kernüberzeugungen in Zweifel gezogen wurden. Der Dieb wollte, dass ich nicht mehr hinhöre. Doch so schwer es auch war, mir schien es wichtig, ihren Ideen zu folgen und sie umfassend zu überdenken. Meinem Kommilitonen Jack bereitete das Ganze allerdings noch größere Probleme. Er lieferte sich während des Seminars immer wieder hitzige Debatten mit Dr. Collins. Im weiteren Verlauf des Seminars wurde er immer ärgerlicher.

Schließlich fragte ich ihn: »Jack, warum lässt du dich so von ihr verrückt machen? Es ist doch nur ein Seminar, und sie ist nur eine Professorin.«

Er dachte einen Moment nach und antwortete dann: »John, ich könnte es dabei bewenden lassen, aber was, wenn sie recht hat?«

In diesem Augenblick verstand ich, was eigentlich los war. Jack wollte nicht durch neue Vorstellungen herausgefordert werden. Er wollte sein Glaubenssystem unter Kontrolle behalten, nicht von den Süßigkeiten in der Kokosnuss ablassen, obwohl er merkte, dass ihn das Ganze fesselte. Seine Verhaftung ließ ihn leiden.

Am Ende stimmte ich einigen Folgerungen von Dr. Collins zu, anderen wiederum nicht. Doch indem ich mir gestattet hatte, selbst bei vorhandener Dissonanz zu lernen, brachte ich meine Bildung voran und vertiefte meinen Glauben sogar noch. In der Gegenwart zu bleiben wurde eine Quelle der Kraft für mich. Ich blieb weiter in dem Seminar und bei meiner Ausbildung zum presbyterianischen Pfarrer. Jack verließ das Seminar und gab, soweit ich weiß, auch das Ziel auf, Pfarrer zu werden.

Die geballte Faust lockern

Kontrolle ist eine Illusion. Wenn wir diesen Dieb über unser Leben bestimmen lassen, werden wir tatsächlich wie die Affen und hängen mit der zur Faust geballten Hand in einer Falle, aus der wir nicht entrinnen können, außer wir lassen irgendwann los. Sich hinzugeben und zu akzeptieren, was auch immer geschieht, ist der Pfad zur Zufriedenheit: im Augenblick zu leben, ohne jedwede Verhaftung.

Als ich auf dem Jakobsweg pilgerte, näherte ich mich León, einer Stadt, von der ich seit Tagen geträumt hatte. Irgendwie hatte ich erwartet, dass mir die Ankunft dort eine größere Glückseligkeit bescheren würde. Doch als ich die Stadt schließlich sah, ließ ich meine Erwartungen los und verfasste dieses Gedicht:

Du träumst seit Tagen von León,
Doch da du es jetzt erblickst,
Weißt du kaum noch, warum es dir jemals wichtig war.
All die Leóns in unserem Leben sind nichts als
    Ablenkungen von diesem Augenblick,
Von der Gegenwart, die offen ist für alles, was sich
    offenbaren könnte.
Einst warst du ein Mann, der stets träumte,
Von entlegensten Zielen, wo das Glück ganz sicher wohnt.
Doch allmählich, ganz langsam, beginnst du zu begreifen,
es gibt gar kein Dort.
Nur ein Hier, nur ein Jetzt,
Den einzigen Ort, an dem sich das Glück einstellt.

Vier Wege, den ersten Dieb zu vertreiben

- Geben Sie sich in jedem Augenblick dem hin, was gerade geschieht. Kontrollieren und beeinflussen Sie das, was in Ihrer Macht steht, doch seien Sie entschlossen anzunehmen, was ein Moment bringt.
- Akzeptieren Sie die harten Fakten des Lebens. Tod, Leid, Schmerz, Einsamkeit und Sorge sind ebenso Teil der menschlichen Erfahrung wie Freude, Lebendigkeit, Freundschaft und Glück. Vergessen Sie nicht, dass es das Verlangen ist, die Dinge mögen anders sein, das uns unseres Glücks beraubt – es sind nicht die Umstände.
- Machen Sie sich klar, dass Sie Vergangenheit und Zukunft nicht kontrollieren können. Wenn Sie mit Schmerz an die

Vergangenheit denken oder mit Sorge an die Zukunft, erkennen Sie, dass nur der gegenwärtige Augenblick real ist, und entscheiden Sie sich dazu, sich sanft in diesen Moment zurückzubegeben.

- Üben Sie zwei bis drei Wochen lang die drei Schritte: wahrnehmen, stoppen und ersetzen. Beginnen Sie, den Geist zu trainieren, um den Dieb aus dem Haus zu werfen. Das erfordert Übung, doch mit der Zeit verhilft es Ihnen zu Zufriedenheit und Glück.

Mantra

Ich beschließe, voll und ganz im gegenwärtigen Moment zu leben und ihn mit allem, was er bringt, anzunehmen. Glückseligkeit ist nicht das Ergebnis, nach dem ich strebe.

KAPITEL 3

Der zweite Dieb: Hochmut

Dieser Dieb ist einer der mächtigsten Glücksräuber. Er ist vielleicht sogar die allergrößte Hürde für wahre Zufriedenheit und gesellschaftliches Wohlergehen. Hochmut ist die Überbewertung der eigenen Wichtigkeit, der Glaube, getrennt von anderen zu existieren und nur durch Profilierung glücklich werden zu können. Eine andere Bezeichnung für diesen Dieb ist *Ego*.

Hochmut ist eng verknüpft mit der Vorstellung des Getrenntseins. Wenn wir uns als von anderen getrennt begreifen, von der Gesellschaft und vielleicht auch vom Leben selbst, fokussieren wir uns derart auf unser eigenes, kleines Selbst, dass wir unsere wahre Natur aus den Augen verlieren. Eine der wichtigsten Erkenntnisse der modernen Quantenphysik ist die Art, wie Materie und Energie miteinander verbunden sind. Atome, die zeitlich und räumlich voneinander getrennt sind, beeinflussen sich gegenseitig, obwohl es keine physikalische Verbindung gibt. Trennung, wie wir sie begreifen, könnte in der Tat eine Illusion sein.

Hochmut bringt uns dazu, uns ständig zwanghaft mit unserer Position auf dieser Welt zu beschäftigen. Wir stellen uns permanent Fragen wie: *Wie wichtig bin ich? Auf welcher*

Stufe stehe ich? Wie kann ich Glück finden? Was passiert mit mir, wenn ich sterbe? Warum bin ich hier? Wo gehöre ich hin? Bin ich wichtig?

Spüren Sie das Gewicht all dieser Fragen! Das Ich und das Selbst stehen bei Hochmut im Zentrum, und wann immer unsere Welt um das Ego kreist, verlieren wir zwangsläufig unser inneres Gleichgewicht und Glück.

Stellen Sie sich vor, Sie würden Glück als Verbundenheit mit dem Ganzen definieren, anstatt sich von allem abzuheben. Was, wenn man gar nicht erst seinen Platz suchen müsste, um glücklich zu sein? Was, wenn Sie bereits Teil eines Ganzen wären, eines Ganzen, das eine Bedeutung trägt. Was, wenn es ausgerechnet die Fokussierung auf das eigene Glück und Ego wäre, die Ihnen das Glück raubt? Dass also möglicherweise das, was Sie für die Quelle Ihres Glücks halten, eigentlich die Ursache Ihres Elends ist?

Die Geschichte von Narziss

In dieser Hinsicht ähnelt der zweite Dieb sehr der Figur des Narziss, bekannt aus der griechischen Mythologie. Narziss war der Sohn eines Flussgottes und einer Wassernymphe und überall für seine Schönheit bekannt. Er war so auf sich selbst bezogen, dass er alle Bewerber und Bewerberinnen zurückwies. Einer dieser Freier tötete sich mit seinem Schwert und starb auf Narziss' Türschwelle. Zuvor betete er jedoch noch zu den Göttern, sie mögen Narziss eine Lektion erteilen für all die Schmerzen, die er anderen zugefügt hatte.

Und sie erteilten Narziss eine Lektion: Als er sich an einer Quelle durstig nach vorne beugte und seines eigenen wunderschönen Spiegelbildes gewahr wurde, verliebte er sich in sich selbst. Narziss versuchte verzweifelt, das Objekt seiner Begierde zu fassen. Doch jedes Mal, wenn er ins Wasser griff, verschwand das Bild. Irgendwann war er so von Trauer erfüllt, dass er sich das Leben nahm.

Der Mythos von Narziss handelt einerseits von äußerer Schönheit und Selbstverliebtheit, geht aber noch tiefer. Das Ego – und der Fokus auf sich selbst als Quelle der eigenen Glückseligkeit – entspricht der Schönheit, nach der sich der attraktive Grieche in seinem Spiegelbild verzehrt. Narziss nahm sich das Leben, weil er letztlich nicht des Bildes seines eigenen Egos habhaft werden konnte. Das, was er suchte – was wir im Grunde alle suchen –, lässt sich nur finden, wenn wir den Blick vom Ego lösen. Wie einer der »weisen Alten«, die ich für *Die fünf Geheimnisse* interviewt habe, sagte: »Das Paradoxe am Glück ist, wenn du es für dich selbst suchst, wird es dir versagt bleiben; doch wenn du aufblickst und zu einer Sache beiträgst, die größer ist als du, wird dich das Glück finden.«

Intuitiv wissen wir, dass das tatsächlich so ist. Denn wir erleben selten höchstes Glück, wenn wir gerade besonders auf uns selbst konzentriert sind, sondern vor allem dann, wenn wir uns in einem Projekt oder einer Herzensangelegenheit verlieren.

Glück als etwas Individuelles anzusehen ist eine relativ neue Idee. Tausende von Jahren war das Glück des Einzelnen an das des Stammes oder der Gemeinschaft geknüpft. Glück war das, was für den Stamm als Ganzes gut war. Das Individuum war nicht unbedeutend, doch das Wohl aller stand klar im Vordergrund.

Der Dieb und die Angst vor dem Tod

Die grundlegendste Angst des Menschen ist wohl die Angst vor dem Tod. Viele unserer Phobien, wie die vor dem Fliegen, vor Schlangen oder vor Höhe, haben ihren Ursprung genau da. Die Angst vor dem Tod wurzelt natürlich im Ego und der Vorstellung, dass unser Selbst als einzigartige Identität existiert, die vom Ganzen getrennt ist.

Als Buddha unter dem Bodhibaum nach Erleuchtung strebte, erkannte er, dass die Quelle allen Leidens in der Trennung von unserer wahren Identität liegt. Unsere wahre Identität ist kein getrenntes Selbst, sondern eines, das Teil des großen Ganzen ist. Alles nahm seinen Anfang, lange bevor wir in den ewigen Kreislauf geboren wurden, und wird noch lange nach dem Tod unseres Körpers fortbestehen. Wenn wir uns von dieser Wahrheit entfernen, indem wir nach einem Glück streben, das nur unserem eigenen kleinen Ego zugutekommt, wird Unglück zu unserem ständigen Begleiter.

Sogar die weit verbreitete Vorstellung vom »Himmel« oder einem Leben nach dem Tod kann hinderlich sein. Wir sind bereits unsterblich, weil wir von derselben Quelle stammen und wieder dorthin zurückkehren. Jesus rügte einst seine Jünger für ihre begrenzte Sichtweise, als diese sich fragten, mit welcher Frau ein mehrfach verheirateter Mann wohl dereinst im Jenseits die Ehe führen würde. Wenn wir uns unser Leben

nach dem Tod lediglich als Erweiterung unserer egogebunde-
nen Welt vorstellen, die wir uns geschaffen haben, übersehen
wir unsere wahre Natur. Sie gründet sich auf Verbundenheit,
nicht auf Trennung.

Sich von der eigenen Geschichte »entlieben«

Am deutlichsten zeigt sich unsere Fokussierung auf das eigene
Ego in dem Stellenwert, den wir unserer eigenen Bedeutung
beimessen und mit dem wir von uns selbst sprechen. Wir sind
besessen von der Geschichte unseres persönlichen Glücks, von
der Entdeckungsreise zu dem eigenen Ich und dem Grund unseres Daseins, von den Verletzungen und Freuden, die unsere
persönliche Erfahrung ausmachen. Meist werden wir genau
dann unglücklich, wenn unsere Lebensgeschichte nicht unserer Idealvorstellung davon entspricht.

Während meiner Pilgerreise gab es viele Tage, an denen
ich stundenlang allein die spanische Landschaft durchquerte.
Phasenweise war ich völlig mit meiner Lebensgeschichte beschäftigt. Doch es gab auch Stunden, in denen ich nicht sprechen wollte, nicht einmal mit mir selbst. Anstatt über mein
Leben, und wohin es mich geführt hat, zu grübeln, blieb ich
einfach im gegenwärtigen Moment mit allem, das mich um-
gab.

Meine glücklichsten Augenblicke auf dem Camino waren denn auch die, in denen ich nicht über mein Leben nachdachte, sondern vielmehr *in* ihm aufging, ohne es zwanghaft
zu kommentieren. Der Dieb liebt es, wenn wir uns wie beses-

sen mit unserer eigenen kleinen Geschichte auseinandersetzen.

Stellen Sie sich für einen Moment vor, Sie blicken von dem Brunnen auf, an dem Sie knien und wo Sie auf Ihr Spiegelbild gestarrt haben, weil Sie es für die Quelle von Glück und Wahrheit hielten. Jetzt erkennen Sie, dass Sie nicht allein sind. Sie sind hier aufgrund einer langen DNS-Kette, die weit über unsere Erinnerungen, ja sogar Vorstellungen, hinausreicht. In diesem Sinne waren Sie immer schon Teil einer großen Abstammungslinie des Lebens. Sie werden Ihrer unsterblichen Natur gewahr, die mit allem verbunden ist.

All jene, die bereits gestorben sind, leben in Ihnen weiter, so wie auch Sie in allem, was nach Ihnen sein wird, fortbestehen. Ihr Leben hat bereits einen Sinn, weil es Teil einer größeren Geschichte sich offenbarenden Lebens ist. Keines Ihrer Defizite, kein Ziel, das Sie nicht erreichen, kein Fehler, den Sie genau jetzt begehen – nichts davon kann Sie vom großen Ganzen trennen, dessen Teil Sie sind. Sie müssen nichts tun, um sich das Recht zu erwerben dazuzugehören, außer vielleicht zu erkennen, dass Sie Ihr Leben nutzen können, das allgemeine Wohl zu stärken. In diesem Augenblick schwinden alle Ängste – vor dem Tod, vor der Bedeutungslosigkeit, davor, das persönliche Glück nicht zu finden – angesichts der Schönheit, die Sie zu umgeben scheint, deren Teil Sie eigentlich sind.

Unsere Galaxie kann das als Analogie verdeutlichen. Wenn Sie in den dunklen Nachthimmel blicken, weitab vom Großstadtlicht, können Sie deutlich eine dichtgedrängte Anordnung von Sternen sehen, die an einen weißen Film erinnert, der den Himmel teilweise überzieht. Die Milchstraße sieht so aus, weil die Galaxie dermaßen dicht besetzt mit Sternen ist, dass ihr Leuchten sich mischt. Man schätzt, dass es etwa 400 Milliarden Sterne und vielleicht 100 Milliarden Planeten in dieser Galaxie gibt. Mit bloßem Auge scheint die Milchstraße irgendwo »da draußen« zu sein, während unser Sonnensystem sich in Wahrheit in ihrem Zentrum befindet. Obwohl es uns vorkommt, als befänden wir uns außerhalb, sind wir in Wahrheit mittendrin. Das ist es, was wir aufgrund unseres Hochmuts nicht erkennen.

Wir sind nicht abgetrennt von anderen Menschen oder vom Leben an sich, sondern vielmehr mitten im Zentrum. Was wie eine Trennung aussieht, ist eine Illusion. Die Quantenphysik nimmt an, dass selbst die Zeit eine Illusion sein könnte und dass alles, was geschehen ist und noch geschehen wird, eigentlich zur selben »Zeit« stattfindet. So atemberaubend das auch sein mag, es zeigt, wie leicht wir dazu verleitet werden können, etwas für wahr zu halten wie die Zeit oder unser Ego, auch wenn es das einfach nicht ist.

Dienen – die entgegengesetzte Kraft

Als ich meine Interviews für *Die fünf Geheimnisse* auswertete, stellte sich wenig überraschend heraus, dass sich vor allem jene Personen als glücklich bezeichneten, die nicht selbstfokussiert waren. Die wahre Quelle des Glücks, so hatten sie herausgefunden, liegt in einem Leben des Dienens und Gebens. Alle großen Lehrer und Lehren vertreten ebenfalls diese Ansicht, doch die meisten von uns ignorieren sie. Der Dieb möchte, dass wir unser Antlitz dem Wasser zuwenden und verzweifelt versuchen, das Glück in unserem kleinen Ego und seinen Errungenschaften zu finden – obgleich anhaltendes Glück allein im Geben zu finden ist.

So wie die Gegenkraft von Kontrolle die Hingabe ist, ist die von Hochmut das *Dienen*. Die Biologin Janine Benyus, Autorin des Buches *Biomimicry*, hat mir einmal verraten, dass die Natur immer danach strebt, das Leben weiterzuentwickeln und dabei zu verbessern. Es gibt da etwas, dessen sich die restliche Natur zu erinnern scheint, das der Mensch aber vergisst. Wenn wir zum Allgemeinwohl beitragen, sind wir auf unserem angestammten Platz, verbunden mit unserer wahren Natur. Alle Wesen um uns herum verhalten sich genau so, dass sie dem Fortbestand und dem Gleichgewicht der Natur dienen.

Unser kleines Ego, das verblassende Bild auf der Quelle, wird sterben, doch unser Beitrag zum großen Ganzen und der Weiterentwicklung des Lebens besteht fort. Und wir tun das nicht nur für zukünftige Generationen. Studien haben gezeigt, dass Menschen, die sich anderen gegenüber freundlich verhalten, deutlich glücklicher sind als die, die ein eher auf sich bezogenes Leben führen.[1] Wir sollten uns daher morgens nach dem Aufwachen nicht fragen, was die Welt uns heute wohl geben wird, sondern besser: *Was kann ich der Welt heute geben?*

Narziss wollte das Bild, das er in der Quelle sah, in Händen halten, das natürlich jedes Mal verschwand, wenn er danach griff. So ist es auch mit dem Leben, wenn es unter der Tyrannei von übermäßigem Hochmut geführt wird. Wir versuchen, das Glück in der Fokussierung auf unser kleines Selbst zu finden, während sich das Glück in Wahrheit nur finden lässt, wenn wir weit genug blicken, um zu erkennen, dass wir Teil einer größeren Geschichte sind. Das ist es, was Buddha, Jesus und all die anderen großen Lehrer uns zu vermitteln suchten.

Als ich auf dem Jakobsweg ging, hatte ich meine glücklichsten Momente unter anderem dann, wenn ich jemanden traf, dem ich auf irgendeine Weise dienlich sein konnte. Dazu kam es mehrmals. Ich erinnere mich lebhaft an eine etwa 20-jährige Italienerin, die ich vier Tage vor Ende meiner Reise traf. Sie war bereits in Santiago angekommen und befand sich nun auf dem Rückweg, der noch mehrere Monate dauern würde. Wir begegneten uns an einem heißen Nachmittag, als mir auffiel, dass sie in die entgegengesetzte Richtung wanderte, was ziemlich ungewöhnlich war. Als ich sie nach dem Grund fragte, entgegnete sie: »Ich bin sehr krank und pilgere nun seit 40 Tagen auf dem Jakobsweg. Jetzt geht es zurück.« Sie fasste sich mit der Hand an den Unterleib, um mir zu zeigen, an welcher Stelle die Krankheit sich befand. Irgendwie begriff ich, dass sie Krebs hatte.

Für einen Moment standen wir da und sahen einander an. Etwas in ihren Augen offenbarte mir ein Bedürfnis nach Verbundenheit. Ich fragte sie, ob ich sie in den Arm nehmen dürfe, und sie lächelte. Die kurze, warme Umarmung verband mich mit ihrem Schmerz und, wie ich hoffe, sie mit meinem Mitgefühl. Sie sah mich unter Tränen an und sagte nur »Danke«. Ich traf sie nie wieder und bin mir sicher, ihr auch in Zukunft nicht mehr zu begegnen, doch war das einer der glücklichsten Momente meiner gesamten Wanderung. In diesem Augenblick waren die Sorgen über mein eigenes Glück und mein kleines Ego komplett verschwunden.

Auf meiner Wanderung wurde mir irgendwann klar, dass dieser Weg seit 1200 Jahren von Tausenden von Menschen begangen worden ist. All diese Namenlosen waren, so erkannte ich, mit mir in der gemeinsamen Suche nach einem Sinn verbunden. Ich begriff, dass die Suche an sich größer war als mein geringer Anteil daran. Irgendwann erreichte ich schließlich den höchsten Punkt des Pilgerwegs. Seit Jahrhunderten legen Wanderer hier von zu Hause mitgebrachte Steine nieder, als Sinnbild dessen, was sie hinter sich lassen wollen. Angesichts dieser unglaublich vielen Steine, die im Laufe der Jahre zusammengekommen sind, gibt es nun zwei Möglichkeiten: Der Dieb könnte mir einflüstern, dass sich mein Stein aus der Masse abheben muss, oder aber, dass das ein Grund ist, niedergeschlagen zu sein, weil mein Stein nur einer unter vielen ist. Doch weil ich mich mit all den anderen Pilgern und mit der Suche an sich verbunden fühlte, zauberte mir der Anblick ein Lächeln ins Gesicht. Als ich meinen Stein vorsichtig auf einen Haufen legte, gelobte ich, mein großartiges, aufgeblähtes Ego zurückzulassen und stattdessen intensiv zu dienen.

Ich hatte unter anderem deshalb eine Auszeit genommen, um herauszufinden, was ich mit meinem restlichen Leben anfangen wollte. Je weiter ich wanderte, desto sicherer wurde ich mir, dass die Konzentration auf meine eigene Erfüllung und das Kreisen um mein eigenes kleines Ego mir kein Glück bringen würden. Das, was ich aufgeben musste, um tiefste Glückseligkeit zu erlangen, war die Trennung an sich.

Wie Sie den Dieb aus dem Haus werfen

Ich hoffe, Sie verstehen jetzt, wie Hochmut unser Glück schmälert. Nun müssen wir uns an die bereits beschriebenen drei Schritte halten, damit wir den Dieb loswerden: wahrnehmen (erwischen), stoppen (festnehmen) und ersetzen (transformieren).

Bedenken Sie, dass jeder Dieb mit einer Maske daherkommt. Der übermäßige Hochmut ist gut getarnt, er lässt uns denken, wir wären abgetrennt von anderen und vom Leben selbst. Der Dieb zeigt uns ein hübsches Abbild unseres Egos im Spiegel und macht uns weis, darum zu kreisen würde uns dem Glück näher bringen. Dieser Dieb ist nichts anderes als ein Lügner, der dafür sorgt, dass wir uns allein fühlen und glauben, etwas tun zu müssen, um unseren Wert zu rechtfertigen.

Jedes Mal, wenn wir uns dabei ertappen, wie wir uns auf das Glück des kleinen Selbst fokussieren, können wir uns den Dieb bewusst machen. Er möchte, dass wir uns auf unsere kleine Geschichte konzentrieren, anstatt auf die größere Erzählung, deren Teil wir immer schon waren. Beobachten Sie in diesem Moment den Dieb, unter Umständen sogar voller Mitgefühl. Die meisten Diebe sind eher bemitleidens- als verachtenswert. Wie traurig, dass der Dieb so viele Jahre lang so sehr versucht hat, das Ego zu schützen, sich angestrengt hat, dessen Wert zu beweisen, stets auf der Suche nach einem Weg, um sich von allem und jedem abzutrennen. Haben Sie Mitleid für diesen Teil Ihres Selbst, der sich als verbannt und getrennt empfindet.

Doch Mitleid bedeutet nicht, das Verhalten des Diebs zu akzeptieren. Er muss immer noch dingfest gemacht werden, weil er alles in Mitleidenschaft ziehen wird, was mit ihm in Berührung kommt. Lassen Sie den Dieb sanft und ohne zu urteilen wissen, dass Sie sich der größeren Wahrheit bewusst geworden sind. Sie sind unsterblich, verbunden mit allem, was vor Ihnen war und nach Ihnen kommen wird. Begeben Sie sich wie ein Pilger auf die Suche nach diesem großen Ganzen.

Im nächsten Schritt geht es um das Ersetzen. Welche gedanklichen Muster oder Filter könnten Sie statt übermäßigen Hochmuts nutzen? Wenn Sie merken, dass Sie sich vor dem eigenen Tod fürchten, rufen Sie sich ins Gedächtnis, dass Sie bereits unsterblich sind, mit allem verbunden, was war und sein wird. Es ist die Trennung, nicht die Verbundenheit, die illusorisch ist.

Sprechen Sie folgendes Mantra laut aus:

Ich bin verbunden mit allem, was ist; und wenn ich zum Wohl des Ganzen beitragen kann, wird mich das Glück finden.

Die Diebe zu vertreiben braucht seine Zeit, genauso wie meditieren zu lernen oder Muskeln aufzubauen. Am Anfang ist es schwierig und mühsam, doch schon bald, mit ein wenig Übung, wird es Ihnen zur zweiten Natur.

Hochmut in der Gesellschaft

Sich selbst oder gar unsere Spezies als Zentrum der Welt zu betrachten schadet unser aller Zukunft. Die umfassende Zerstörung, angefangen von den sterbenden Korallenriffen bis hin zur Auslöschung Tausender Arten, wird von Menschen betrieben, die meinen, die Welt sei allein für uns geschaffen, während wir doch nur ein Teil von ihr sind. Letztlich belohnt die Natur eher Kooperation als Hochmut und Selbstbezogenheit.

Ende der 1960er Jahre entwickelten Dr. James Lovelock und Dr. Lynn die sogenannte Gaia-Hypothese: Anstatt die Erde als Summe ihrer Teilchen (lebende und nicht lebende Materie) zu betrachten, kann man sie auch als einen großen Superorganismus sehen. In diesem Sinne wären die darauf existierenden Arten nicht Teil der Erde, sondern würden mit all ihren Beziehungen und Interaktionen das Wesen unseres Planeten ausmachen. Die Welt wäre ohne die kooperativen Wechselbeziehungen all dieser Organismen einfach nicht die Welt, wie wir sie kennen.[2]

Die Menschen sind integraler Bestandteil der Natur und spielen gleichzeitig eine besondere Rolle. Klar ist, dass wir ebenso von der Natur abhängen wie jede andere Gattung, weil Klima, Nahrung, Luft und sogar die den Planeten umhüllende Erdatmosphäre das Ergebnis der Interaktion von Millionen verschiedenster Arten sind. Ohne dieses Netzwerk gäbe es kein menschliches Leben (und es hätte gar nicht erst entstehen können). Die Vorstellung, alles andere, was da auf der

Erde lebt und atmet, wäre nur zu unserem Nutzen da, stellt die höchste Form des Hochmuts dar.

Obwohl wir Teil der Natur sind, haben wir darin ganz klar eine besondere Rolle. Von allen die Erde bevölkernden Arten scheint der Mensch die Einzige zu sein, die in der Lage ist, weit in die Zukunft wie auch in die Vergangenheit zu blicken, um den Weg, der uns bis hierher gebracht hat, zu verstehen und bewusste Entscheidungen zu treffen.

Mir ist aufgefallen, dass religiöse Menschen im Westen die Bibel womöglich falsch auslegen, wenn sie lesen, dass wir als »Ebenbild Gottes« geschaffen wurden – ein Mythos, auf dem unter anderem unsere westliche Gesellschaft fußt. Diese Bibelstelle wurde zu einer Quelle der Selbstüberschätzung, wo sie doch eigentlich eine Quelle der Demut sein sollte. Gott beziehungsweise Götter sind nach menschlicher Vorstellung kreative Kräfte. Seiner oder ihrer Natur entspricht es, etwas zu erschaffen. Nach dem »Abbild Gottes« geschaffen zu sein macht uns noch nicht zu etwas Besonderem; vielmehr tragen wir dadurch eine große Verantwortung, weil wir dazu gemacht wurden, selbst etwas zu erschaffen, das Leben weiterzugeben, dadurch unseren Teil zur Schöpfung beizutragen und ständig zu verbessern.

Nur eines von beidem kann stimmen: Wir sind entweder Ebenbild Gottes oder aber das Wesen, das Gott von allen Arten, die wir kennen, am nächsten kommt. Ich meine damit nicht, dass wir allmächtig sind, unbesiegbar oder gar noch bedeutender, sondern dass wir die Fähigkeit besitzen, uns mit der Zukunft auseinanderzusetzen und kreative oder destruktive Entscheidungen zu treffen.

Selbstüberschätzung hält uns Menschen auf einem Pfad, auf dem wir um unseres eigenen egoistischen und kurzfristigen Vorteils willen das großartige Experiment des Lebens auf der Erde zugrunde richten. Wenn wir hingegen den Dieb stellen und erkennen, dass die Welt nicht nur für uns da ist sondern wir für sie, könnte das unser eigenes Glück sowie die Überlebenschancen sämtlicher Arten deutlich erhöhen.

Die Völker und das Ego

Als Amerikaner oder Engländer oder Deutscher scheint mir mein eigenes Volk oft höhergestellt und wichtiger als die übrigen Völker, doch ist das nichts anderes als die Erweiterung des egobasierten gedanklichen Musters, das wir auch gern im Privaten pflegen. Statt nur uns selbst abgetrennt von allem anderen zu betrachten, haben wir es jetzt mit einer kollektiven Form der Abtrennung zu tun. Wenn wir es dulden, dass andere von Armut und Leid geplagt werden, werden wir selber »arm«, denn in Wahrheit gibt es kein »wir« oder »sie«. Das ist die große Illusion, die uns der Dieb glauben machen möchte: Konzentriere dich auf deine Familie, dein Volk, dein Land – das bringt dir Erfüllung.

Doch Ungleichheit schürt Feindseligkeit. Sie nährt die Kraft von Hass und Wut, die die Basis von Terrorismus sind und der Nährboden, auf dem Wahnsinnige wie Adolf Hitler die Menschheit von ihrer wahren Natur auf die dunklere Seite führen können. In Wirklichkeit können wir nur dann eine zukunftsfähige Welt für uns und nachfolgende Generationen schaffen, wenn wir uns auf das Wohlergehen aller um uns herum konzentrieren – sowohl auf das der Menschen wie auch der Tiere, Pflanzen und der Ökosysteme.

Geht es nur um unseren Wohlstand, schaffen wir eine Welt, in der wir Mauern bauen müssen, um uns gegen jene zu verteidigen, die weniger haben. Wir versuchen, andere von uns fernzuhalten, aus Furcht, sie könnten uns etwas wegnehmen – eine Welt, in der wohl niemand von uns gerne leben möchte.

Ein Freund von mir ist Mexikaner. Er hat mir häufig davon erzählt, wie schwierig es war, in diesem armen Land ein gutes Leben zu führen. Wiewohl es seiner Familie gut ging, befand sich ihr Zuhause in einer bewachten, von Mauern umgebenen Gemeinde. Gingen sie einkaufen, fürchteten sie um ihr Leben, überdies wurde er zweimal in Gegenwart seiner kleinen Kinder ausgeraubt. Sie waren wohlhabend, doch die Ungleichheit um sie herum bedeutete für sie, ein Leben in Angst zu führen.

Ein Ausweg wäre die Gaia-Idee, gesellschaftlich umgesetzt: Je stärker wir den Blick auf unsere wechselseitige Abhängigkeit, auf den gemeinsamen Erfolg aller richten, umso schneller werden wir eine Welt schaffen, in der wir alle zufrieden leben können. Wenn wir bereit sind, einen Teil unseres Wohlstandes für eine Gesellschaft ohne extreme Armut zu geben, profitieren wir davon ebenso wie die, die weniger begünstigt sind.

Warum die Menschheit überlebt hat

Homo sapiens war, wie bereits erwähnt, nur eine von mehreren menschlichen Arten, die sich auf der Erde entwickelt hat, doch ist sie die Einzige, die überlebt hat. Wir können nicht mit Sicherheit sagen, warum unsere nächsten Verwandten wie etwa die *Neandertaler* ausgestorben sind, wir hingegen nicht. Wie der häufig abwertend gebrauchte Ausdruck *Neandertaler* zeigt, gehen wir allgemein davon aus, dass der *Homo sapiens* überlebt hat, weil wir intelligenter als unsere Verwandten waren. Die Wahrheit ist allerdings sehr viel komplexer.

Möglicherweise haben Märchen und Geschichten bei der Entwicklung von Zusammenarbeit unter *Homo sapiens*-Individuen eine wichtige Rolle gespielt. Nach allem, was wir bisher wissen, waren wir die einzige menschenartige Spezies, die abstrakte Geschichten und Ideen entwickelt hat. Das hat Verbindungen geschaffen und letztlich dazu geführt, dass auch fremde Individuen in größeren Gruppen zusammengearbeitet haben. Ihre Geschichten drehten sich wahrscheinlich um Götter, doch auch um Vorstellungen darüber, wer wir sind, um Beziehungen zueinander und zur Welt. In späteren Mythen ging es um Ideen von Demokratie oder um gesellschaftliche Werte. Die Aufgabe ist klar: Über das Teilen von Geschichten und Mythen wurde der Boden für Gemeinschaft und Zusammenarbeit bereitet. Sie stärkten das Zusammengehörigkeitsgefühl und führten zur Entstehung einer Art Volksstamm, selbst mit Personen, die man nie zuvor getroffen hatte.[3]

Die Menschheit braucht eine neue Geschichte

Geschichten sind etwas, das es so nur bei Menschen gibt. Sie sind mächtig und waren über Jahrtausende hinweg die wichtigste Form menschlicher Kommunikation. Geschichten verbinden, doch können sie auch spalten. Wir haben – und tun es noch – auf Basis rivalisierender Geschichten Kriege ausgefochten. Ein einender Mythos, der unsere Anpassungsfähigkeit ins Zentrum stellt, kann die Menschheit anspornen und vorantreiben, während das Gegenteil unsere Spezies tatsächlich in den Untergang zu treiben vermag.

Religiöse Mythen hatten einen prägenden Einfluss auf die Menschheitsgeschichte, der bis in die Gegenwart anhält. Ich verwende den Begriff *Mythos* allerdings nicht in dem Sinne, wie man ihn heute landläufig benutzt. Für die meisten Menschen sind Mythen phantasievolle Geschichten, die nicht auf Tatsachen beruhen. Daher urteilen wir mitunter: »Das ist nur ein weit verbreiteter Mythos.« Ich hingegen verwende *Mythos* im Sinne einer »gemeinsamen Geschichte im Rahmen menschlicher Kultur, mit dem Ziel, eine bestimmte Bedeutung zu vermitteln«. Ein Mythos kann somit selbst dann wahr sein, wenn er nicht auf Fakten beruht. Deutlich wird das an einem Mythos, der die Beziehung der westlichen Gesellschaft zur Natur geprägt hat und es noch immer tut.

Die hebräische Version der Schöpfung schildert, wer wir als Menschen sind. Demnach hat Gott den Himmel und die Erde in sechs Tagen erschaffen. Auch im Koran wird die Erde in sechs Tagen erschaffen, wenngleich darin von »göttlichen

Tagen« die Rede ist, die länger dauern als irdische. Die Reihenfolge der Schöpfung ist auf faszinierende Weise identisch mit jener, die die Wissenschaft vertritt. Zunächst war da das Nichts, dann kam der Himmel, anschließend die Erde, danach erschuf Gott die Bewohner des Meeres, darauf jene auf dem Land und in der Luft und schließlich den Menschen. Im Zentrum steht also der Mensch, zuletzt erschaffen, als »Abbild Gottes«. Unser Auftrag ist es, über alle Pflanzen und Tiere zu »herrschen«. Sie dienen unserer »Verwendung«, dafür sind wir für sie verantwortlich.

Wir sind also die Ausbeuter, die Gattung, die sich auf Kosten aller anderen entwickelt. Wir sind Narziss, der sein Spiegelbild anstarrt und sich in dieses verliebt. Wir haben uns losgelöst von der Natur, die wir zu unserem Vorteil vereinnahmt haben. Ein Großteil der heutigen Conditio humana, also der Bedingung des Menschseins, lässt sich auf dieses Selbstverständnis zurückführen. Danach haben wir unser von Gott gelenktes Schicksal erfüllt: Wir haben die Natur erobert, allen Lebewesen dieser Erde Namen gegeben und von ihnen, zu unserem Nutzen, Besitz ergriffen.

Selbstverständlich gibt es auch Menschheitsmythen, die unsere Spezies nicht ins Zentrum der Natur rücken. Zahlreiche Urvölker gestehen allen anderen Lebewesen denselben göttlichen Funken zu wie dem Menschen. Tiere und Pflanzen verfügen nach diesen Überlieferungen ebenso über eine Seele wie wir. Der Raubbau an der Natur, wie er vor allem von europäischen und später nordamerikanischen Kulturen betrieben wurde und wird, gründet sich nicht zuletzt auf die Schöpfungsgeschichte, die uns von der Natur ausnimmt. Wir sind demnach die Einzigen mit Anspruch auf das göttliche Erbe.

Allerdings ist es ein Trugschluss, dass wir losgelöst von der Natur existieren. Vielmehr sind wir ein Teil von ihr. Die sieben Tage der Schöpfungsgeschichte, an deren Ende der Mensch erschaffen wurde, meinen in Wahrheit Milliarden von Jahren. Selbst Papst Franziskus hat den Katholiken kürzlich nahegelegt, die Evolutionstheorie anzuerkennen. Die gesamte Natur musste zunächst werden, entstehen, sich entwickeln und verändern, bis vor nicht allzu langer Zeit der Mensch auf der Bildfläche erschien.

Nicht wenige reagieren überrascht, wenn sie hören, dass es sich beim Begriff »herrschen«, wie er im Alten Testament auftaucht, um eine Fehlübersetzung des ursprünglich hebräischen Wortes *radah* handelt; es hat eine königliche Konnotation und bezieht sich in Wahrheit auf das Regieren. In den jüdischen Schriften wird ein guter König als eine Person beschrieben, die für das Volk und die Bedürftigen sorgt. Ein schlechter König regiert in einer Weise, unter der das Volk leidet. In diesem Sinne entspricht die Herrschaft, die uns der Überlieferung nach über die Natur gegeben wurde, eher der eines wohlwollenden Verwalters. Uns wurde eine besondere Rolle in der Natur zugedacht, nämlich als diejenigen, die den Garten pflegen.

Diese Rolle sollte sich die Menschheit meines Erachtens wieder zurückerobern – die Chance, als bewusste Kraft der Evolution zu agieren, als eine Kraft, die in die Zukunft blickt, sämtliche Lebewesen auf der Erde einschließlich der eigenen Gattung berücksichtigt und einen Weg wählt, um das großartige Experiment des Lebens auf der Erde fortzuführen.

Natürlich gibt es viele, die die Entstehung des Lebens eher wissenschaftlich betrachten. Sie glauben an den Urknall, gefolgt von Milliarden von Jahren der Evolution und natürlicher Selektion, bis schließlich die Welt, wie wir sie kennen, entstanden war. Ob wir nun an höhere Vorsehung oder kosmischen Zufall glauben: Die Menschheit braucht eine verbindende Geschichte, die klarmacht, wer wir an diesem Punkt der Entwicklung sind. Eine Geschichte, die stark genug ist, uns durch diese gefährliche Zeit der Evolution zu bringen, in der wir uns anpassen müssen.

Mir scheint, dass wir viel zu viel Energie in den Streit über unsere Glaubenssysteme gesteckt und nicht annähernd genügend Zeit darauf verwendet haben herauszufinden, wie wir gemeinsam an einem Strang für die große Reise der Menschheit ziehen können. Wir brauchen eine Geschichte, die uns vereint, eine, die Milliarden von Menschen dazu bewegt, gemeinsam zu handeln.

Was ein kleines Jägervolk die Menschheit lehren kann

Auf erste mögliche Hinweise zu dieser neuen Geschichte bin ich gestoßen, als ich im Frühling 2006 einige Zeit bei dem Volk der Hadza in Tansania verbrachte. Dieser Stamm aus weniger als 1000 Menschen gehört zu den letzten noch verbliebenen Jäger- und Sammlervölkern der Erde. Die Hadza leben größtenteils so, wie die Menschheit Tausende von Jahren vor der landwirtschaftlichen Revolution gelebt hat. Wiewohl es ihnen an fast allem mangelt, was wir heute als Annehmlichkeiten der Zivilisation betrachten, können wir viel von dieser Gemeinschaft lernen.

Die Hadza verfügen über nur wenige materielle Besitztümer, fast alles, was sie haben, wird geteilt. Frauen und Männer haben unterschiedliche Rollen (jagen und sammeln), sind darüber hinaus jedoch ziemlich gleichberechtigt. Es gibt keine feststehende oder gewählte Hierarchie. In der Geschichte der Hadza-Kultur sind keine Hungersnöte zu verzeichnen. Konflikte werden meist gewaltfrei ausgetragen.[4]

Es gibt verschiedene Erklärungen dafür, warum keine Hungersnöte dokumentiert sind. Zum einen betreibt das Volk keine Landwirtschaft. Die Gemeinschaft der Hadza zieht umher und folgt dem Nahrungsangebot. Weil sie alles teilen, werden auch sämtliche Nahrungsmittel aufgeteilt. Zu guter Letzt liegt es im Wesen von Jäger- und Sammlervölkern, dass sie ihren Ökosystemen kaum je entwachsen, also eine Art natürliche Geburtenkontrolle stattfindet.

Eines Abends im März 2006 saßen ein paar meiner Freunde und ich mit fünf Stammesältesten zusammen. Als die untergehende Sonne die Felsen in ein orangefarbenes Licht tauchte, begannen sie, uns ihre Schöpfungsgeschichte zu erzählen. Eine verschlungene Sage, in der auch ein riesenhaftes Wesen auftaucht, so groß, dass »an seinem Gürtel Elefanten baumelten«. Dieser Riese hatte jeden Menschen in diesem Teil Afrikas getötet, bis auf ein Mädchen, das er sich zur Dienerin nahm. Eines Tages verliebte sich das Mädchen in einen Mann, der vom »Honigbaum« gesprungen war, doch die Liebenden konnten nicht zusammen sein, solange sie sich nicht von dem Riesen befreiten. Bald machten sich sämtliche Tiere der afrikanischen Ebenen auf, um ihnen zur Flucht zu verhelfen, und genau von diesem Paar stammt das Volk der Hadza ab.

Ein Ältester namens Campolo erzählte uns die Überlieferung, doch auch die anderen Ältesten klinkten sich immer wieder ein, um Details zu ergänzen. Als die Geschichte ihren Höhepunkt erreichte, berichtete Campolo, dass, kurz nachdem das Paar vom Riesen weggelaufen war, ihnen eine riesige Schlange mit blauem Rachen zu Hilfe eilte. An diesem Punkt kam es zwischen den Ältesten zu einer lautstarken Meinungsverschiedenheit, wie die Geschichte weiterging. Es dauerte mehrere Minuten, bis Campolo endlich fortfuhr.

Daude, unser Gastgeber und Dolmetscher, fing an zu lachen. Als wir ihn nach dem Grund fragten, antwortete er: »Die Ältesten haben sich über die Farbe des Schlangenrachens gestritten – Gelb, Schwarz, Rot und so weiter. Schließlich hat Campolo die Debatte beendet, als er fragte: ›Welchen Unterschied macht das schon? Blau funktioniert, es ist eine Geschichte!‹«

Das erinnerte mich daran, dass die meisten Menschheitsmythen nicht dazu gedacht sind, allzu wörtlich genommen zu werden. Viele religiöse Menschen haben das vergessen. Der Zweck von Mythen bestand nie in der Vermittlung von Tatsachen, sondern in der Vermittlung von etwas deutlich Wichtigerem: *Sinn.*

Es war bereits Nacht, als die Ältesten ihre Geschichte beendet hatten. Wir saßen um das Lagerfeuer, während die Funken in den von Abertausenden Sternen übersäten Himmel tanzten. Die Hadza forderten uns nun auf, *unsere* Schöpfungsgeschichte zu erzählen.

Weil unsere Reisegruppe sehr heterogen war, diskutierten

wir zunächst ausgiebig, welche Geschichte wir ihnen erzählen sollten – die vom Garten Eden, von den hinduistischen Schriften oder die wissenschaftliche Erklärung. Wir einigten uns schließlich darauf, vom Urknall zu berichten.

In den nächsten 20 Minuten lauschten die Ältesten hingerissen, während mein Freund Bill Hawfield mit Hilfe eines Dolmetschers die wissenschaftliche Schöpfungsgeschichte vor ihnen ausbreitete. Beginnend mit dem ersten Teilchen spannen wir eine Saga: die Explosion und der sich ausbreitende Urknall, Millionen von Sternen und Planeten, die sich im Universum bildeten, die langsame Abkühlung der Erde und die Entstehung von Leben. Als Erstes waren da die Meerestiere, von denen einige später an Land krabbelten, anschließend die allmähliche Entwicklung vom Affen zum Menschen. Die ersten Menschen hatten nicht weit von diesem Fleckchen Erde, auf dem wir gerade saßen, gelebt. Wie ich so meinem Freund Bill zuhörte, konnte ich nicht umhin festzustellen, dass unsere Überlieferung nicht weniger phantastisch klang als die über den Riesen und die Schlange mit dem blauen Rachen.

Nachdem Bill geendigt hatte, besprachen sich die Ältesten lange und außerordentlich angeregt darüber. Wir warteten gespannt darauf, wie wohl ihre Reaktion ausfallen würde. Schließlich war ihnen zum ersten Mal die wissenschaftlich anerkannte Erklärung zur Entstehung der Welt zu Ohren gekommen.

Nach einigen Diskussionen teilte uns Daude die Meinung der Ältesten mit. Er meinte, ob ihres Farbenreichtums und aufgrund der darin so zahlreich vorkommenden, kaum vorstellbaren Dinge gefalle sie ihnen ausnehmend gut. An sich fänden sie sie sogar schöner als ihre eigene, die sie sich, so sein Verdacht, vor vielen Jahren möglicherweise von einem anderen Stamm »entlehnt« hätten.

Was dann kam, verschlug mir beinahe den Atem. Wie sie sagten, hätten sie den »Sinn« unserer Schöpfungsgeschichte entdeckt. Sie hatten der Geschichte vom Urknall nicht nach Art eines Studenten in einem wissenschaftlichen Seminar zugehört; sie interessierten sich nicht für die Feinheiten der natürlichen Selektion oder für die Gesetze der Quantenphysik. Sie wollten wissen, was das alles *bedeutete*. Was sagt uns die Geschichte darüber, wer wir sind?

Ihr Fazit war so tiefgründig wie simpel. Zum einen bedeute die Geschichte, wie sie sagten, dass wir Menschen mit allen anderen Lebewesen verbunden sind. Wir existieren, weil sie existieren. Jedwede Grenze zwischen uns und den anderen Geschöpfen ist eine erdachte.

Sie folgerten auch, dass sich aus der Erzählung ablesen lasse, wie wichtig wir sind, dass wir Menschen eine wesentliche Rolle in der Entwicklung des Lebens spielen. Uns wurde die Verantwortung übergeben, für die Schöpfung zu sorgen. Mir fiel auf, dass sie das Wort *wichtig* gewählt hatten und nicht *besonders*. Besonders zu sein bedeutet, über der Natur zu stehen (auf das eigene Abbild in der Quelle zu starren), wichtig zu sein heißt hingegen, eine Rolle innezuhaben, die in Bezug auf die gesamte Schöpfung von Belang ist.

Die gemeinsame Suche der Menschheit nach Glück

Das ist der Kern der Herausforderung, mit der wir Menschen konfrontiert sind: Mal kommen wir uns unbedeutend, mal bedeutend vor, doch haben wir kaum je begriffen, welchen Stellenwert wir im Rahmen der Evolution einnehmen. Während ich in dieser Nacht zunächst mit den Ältesten der Hadza um das Feuer saß und später tanzte, wurde mir klar, dass wissenschaftliche Fakten uns mitunter den Blick auf eine sehr viel wichtigere Frage verstellen. Wenn die allgemein anerkannten Thesen vom Urknall und der Evolution richtig sind, was sagen sie uns darüber, wer wir sind und in welcher Beziehung wir zur Erde stehen?

Wenn wir Menschen wirklich den Gipfel von bisher gut vier Milliarden Jahren Evolution darstellen, dann existieren wir – reiten wir vielmehr – auf dem Rücken der restlichen Biosphäre. Unsere Existenz markiert den bisherigen Endpunkt einer äußerst langen, komplizierten Verkettung des Lebens. Der Ausdruck »Mutter Erde« ist mehr als eine bloße Redewendung: Es gibt uns nur aufgrund all der anderen Lebewesen, die vor uns bereits da waren. Ohne sie wären wir nicht hier. Was auch immer an uns einzigartig ist, unsere Mitbewohner auf diesem Planeten existieren nicht nur zu unserem Nutzen, sondern haben ihr eigenes Leben und ihre eigene Bestimmung – ein Leben, das in den meisten Fällen weiter zurückreicht als das unsere. Angesichts dieser größeren Geschichte ist die Existenz eines einzelnen Menschen nur von sehr kurzer Dauer. Im Kontext von mehreren Milliarden Jahren leben wir in Wahrheit in einer geliehenen Welt, einer, die uns nur für eine beschränkte Zeitspanne gehört. Doch wirkt sich das auf unseren Stellenwert aus? Wenn wir uns inmitten einer Milliarden Jahre währenden Evolution befinden, mit Milliarden von Jahren, die nach uns noch kommen, könnte man daraus schließen, dass das, was wir mit der Welt anstellen, kaum von Bedeutung ist. Wir sind schließlich nichts als Komparsen in einem großen, möglicherweise nie endenden Schauspiel.

Vielleicht. Doch es gibt auch eine andere Interpretationsmöglichkeit, eine, die unsere Auffassung von uns als Menschen für immer verändern könnte.

Was, wenn die Erde der einzige Planet im ganzen Universum wäre, auf dem es Leben gibt? Was, wenn in diesem gewaltigen und unendlichen Universum nur hier empfindsames Leben entstanden ist? Es könnte Tausende von anderen Zivilisationen im Universum geben oder gegeben haben, doch soviel wir bislang wissen, ist hier der einzige Ort, an dem der Kosmos über sich selbst reflektiert.

Es ist unerheblich, ob Sie Humanist sind oder an Gott (beziehungsweise Götter) glauben, an andere Kräfte oder das kosmische Bewusstsein. Egal, wie wir die Welt betrachten, wir sind einzigartig, allerdings nicht im Sinne von besonders, begnadet oder berechtigt. Wir sind einzigartig, weil wir ein Bewusstsein haben. Wenn wir es schaffen, unseren Hochmut abzulegen, können wir zu einer positiven, kreativen Kraft für das Leben auf diesem Planeten werden. So wird unser Leben sinnvoll, während wir in der kurzen Zeit, die wir am großen Reigen teilnehmen, unseren Teil dazu beitragen.

Ein Leben ohne Hochmut

Hochmut ist ein mächtiger Dieb, der sein Augenmerk auf unser kleines Ego richtet. Wenn wir nicht aufhören, wie Narziss unser Glück dort zu suchen, wo es einfach nicht zu finden ist – in unserem beschränkten Ego –, droht uns irgendwann die völlige spirituelle Erschöpfung. Entscheiden wir uns hingegen, diesen Dieb in die Schranken zu weisen, nehmen wir unseren rechtmäßigen Platz in dieser Geschichte ein, die größer ist als wir, ja sogar unendlich. Dann erkennen wir, dass im Dienst am Gemeinwohl der eigentliche Weg zum Glück liegt. Und wir können aufhören, uns um unser eigenes Schicksal zu sorgen. Wenn die gesamte Menschheit den Dieb bändigt, hören wir hoffentlich damit auf, die Biosphäre zu zerstören, der wir unser Leben verdanken und mit der wir aufs Engste verbunden sind, und tragen unseren Teil zum großen Ganzen bei.

Selbst die Angst vor dem Tod, die so viele Menschen quält, schmilzt dahin, ist dieser trennende Schleier erst einmal gelüftet. Was ist die Angst vor dem Tod anderes, als die Angst davor, unsere eingebildete Vormachtstellung zu verlieren, die Angst davor, im großen Ganzen unwichtig zu sein? Sobald wir die Wahrheit erkennen – dass es keine Trennung gibt zwischen uns und allem »da draußen« –, hat der Dieb nicht länger die Macht, diese Angst, wir wären nichts Besonderes, gegen uns auszuspielen.

Vier Wege, den zweiten Dieb zu vertreiben

- Rufen Sie sich jedes Mal, wenn Sie sich in übertriebenem Maß mit Ihrer persönlichen Lebensgeschichte beschäftigen, in Erinnerung, dass Sie Teil einer größeren Geschichte sind. Der Dieb möchte Sie dazu bringen, in Grübeleien versunken herumzusitzen, doch so werden Sie keinesfalls glücklich.

- Unser Glück speist sich daraus, Teil eines größeren Ganzen zu sein – verwirklicht in einem Lebenswerk, dem Dienst an der Natur oder an anderen Menschen.

- Kommt in Ihnen die Angst vor dem Tod auf, rufen Sie sich ins Gedächtnis, dass es sich um eine Illusion handelt. Es hat Sie in einer anderen Form bereits zu Anbeginn aller Zeiten gegeben, und auch nach Ihrem Tod wird Ihre Form sich lediglich wandeln. Das Spiegelbild im Brunnen ist nicht real; vielleicht ist es nicht einmal die Zeit.

- Ein neuer Mythos kann Menschen über Glaubensgrenzen hinaus einen, ob wissenschaftsorientiert oder religiös. Wir sind Teil der Natur, doch mit einer besonderen Rolle. Wenn wir das großartige Experiment des Lebens behüten, finden wir gemeinschaftlich Sinn. Dazu gehört auch, eine gerechte Welt zu schaffen, in der jeder seinen Platz findet. Nur wenn alle das Lebensnotwendige haben, können wir wirklich sicher und glücklich leben.

Mantra

Ich bin verbunden mit allem, was ist; und wenn ich zum Wohl des Ganzen beitragen kann, wird mich das Glück finden.

KAPITEL 4

Der dritte Dieb: Begehren

In meiner Kindheit besuchte ich die Sonntagsschule an einer christlichen Kirche. Zu den Dingen, die uns in unsere jungen Gehirne eingetrichtert wurden, gehörten auch die Zehn Gebote. Gott übergab sie Mose auf dem Berg Sinai persönlich auf zwei Steinplatten. Eines davon lautet: »Du sollst nicht begehren deines Nächsten Haus. Du sollst nicht begehren deines Nächsten Frau, Knecht, Magd, Rind, Esel noch alles, was dein Nächster hat.«[1]

Zu begehren bedeutet, etwas neidvoll für sich selbst zu verlangen, über das man nicht verfügt. Dieses Gebot schien mir immer irgendwie fehl am Platz, eingebettet in all die deutlich schwereren Vergehen wie Stehlen, Lügen und Töten. Mir fiel auch auf, dass es sich dabei nicht, wie bei den neun anderen Geboten, um äußere Handlungen handelte, sondern um einen inneren Zustand. Selbst als kleiner Junge fragte ich mich, während ich sonntags morgens die kirchliche Schulbank drückte, ob es wirklich genauso schlimm sein konnte, etwas zu wollen, wie etwas zu stehlen oder jemanden zu ermorden.

Ich hielt Begehren damals für eher harmlos, und gerade das gibt diesem Dieb seine Macht. Er ist in vielerlei Hinsicht hinterhältig, unter anderem, weil er unter dem Deckmantel von etwas auftritt, das man sogar für ambitioniert halten kann, in jedem Fall aber eher als unbedenklich abtut. Was könnte falsch daran sein, etwas haben zu wollen, das man noch nicht besitzt? Ist nicht das Verlangen die wahre Quelle der Weiterentwicklung? Sobald wir uns jedoch genauer mit dem Begehren auseinandersetzen, erkennen wir schnell, warum es sich dabei um einen derart effektiven Glücksräuber handelt.

Begehren heißt nicht nur etwas zu wollen, sondern geht über das reine Habenwollen hinaus. Begehren sieht, was andere haben und was wir nicht haben – es hat zu tun mit Neid. Neid ist oft geknüpft an Unzufriedenheit oder gar verbittertes Verlangen. Besondere Fähigkeiten und Begabungen, großer Besitz oder das Glück eines anderen rufen unseren Neid auf den Plan. Wenn wir erkennen, dass Begehren die innere Gefühlswelt ebenso tangiert wie das äußere Objekt der Begierde, wird deutlich, welche Rolle es bei der Schmälerung unseres Glücks spielt.

Denken Sie nur an all die Dinge, die wir begehren: mehr Geld, einen höheren Status, andere Talente als die, mit denen wir von Natur aus gesegnet sind, ein anderes Aussehen, eine andere Körpergröße, ein jüngeres Alter und so weiter. Gefühle der Unzulänglichkeit, der Enttäuschung und des Neids, das ist es, was der Dieb uns auftischt. Ständig treibt er uns zu Vergleichen an, die auf der Frage fußen: *Wie schneide ich neben anderen ab*?

Die böse Königin in »Schneewittchen«

Dieser Dieb erinnert stark an die böse Königin aus dem Märchen *Schneewittchen*. Nachdem Schneewittchens Mutter bei der Geburt gestorben war, heiratete ihr Vater, der König, ein zweites Mal. Die neue Königin war schön, doch konnte sie ihr Glück nur finden, wenn sie sich mit anderen verglich. Jeden Tag stellte sie ihrem Zauberspiegel die berühmt-berüchtigte Frage: »Spieglein, Spieglein an der Wand, wer ist die Schönste im ganzen Land?« Die Königin war glücklich, solange der Spiegel ihr bestätigte, dass sie von allen die Schönste sei. Eines Tages jedoch antwortete ihr der Spiegel, sie sei zwar immer noch schön, Schneewittchen allerdings sei »tausendmal schöner«. Damit versetzte der Spiegel sie nicht nur in Rage und raubte ihr den Seelenfrieden, er zerstörte auch ihr Verhältnis zu Schneewittchen: Aus Neid befahl sie dem Jäger, ihre Stieftochter zu töten.

Das ist es, was Begehren macht. Es nimmt uns die Fähigkeit, dankbar zu sein, nicht nur in Bezug auf uns selbst, sondern auch auf andere. Das ist der entscheidende Punkt am Begehren: Es beeinträchtigt unser persönliches Glück und untergräbt zudem unsere Beziehungen zu unseren Mitmenschen. Anstatt das Glück anderer zu teilen und uns mit ihnen zu freuen, nehmen wir ihnen ihr positives Schicksal übel.

Der Dieb stachelt uns unter Umständen sogar zu antisozialem Verhalten an. *Air Rage* ist der Fachbegriff dafür, wenn Passagiere oder Crewmitglieder sich auf Flügen störend oder gewalttätig verhalten, ein Phänomen, das weltweit immer häufiger vorkommt. Eine kürzlich veröffentlichte Studie zeigt einen

101

signifikanten Zusammenhang zwischen dem Auftreten von *Air Rage* und dem Vorhandensein von First und Economy Class, also einfacheren und komfortableren Sitzen. Faszinierender noch, die Wissenschaftler fanden heraus, dass es sehr viel seltener zu *Air Rage* kam, wenn es getrennte Eingänge zu den verschiedenen Flugklassen gab. Wenngleich die Autoren der Studie einräumen, dass die Gründe dafür vielschichtig sein können, kann man sich gut vorstellen, welche Rolle unserem Dieb bei der Anstachelung zu antisozialem Verhalten zukommt.[2]

Das könnte auch erklären, warum das Glücks- und Vertrauensniveau in jenen Staaten stärker ausgeprägt ist, in denen mehr Gleichberechtigung herrscht. Eine meiner Freundinnen ist Psychologin und kommt aus Dänemark. Sie hat mir erzählt, dass sie als Kind annahm, alle würden dasselbe verdienen und wären deswegen zufrieden. In ihrem Buch *Gleichheit. Warum gerechte Gesellschaften für alle besser sind* gehen Richard Wilkinson und Kate Pickett genau dieser These nach. Sie führen eine Studie an, die belegt, dass in Gesellschaften mit stärkerer Ungleichheit elf gesundheitliche und soziale Probleme wie körperliche und geistige Erkrankungen, Gewalt, Fettleibigkeit, Haftstrafen und Teenagerschwangerschaften deutlich gravierender ausfallen, und zwar unabhängig davon, ob das betreffende Land reich oder arm ist.[3]

Bei Menschen, die den Eindruck haben, sich mehr oder weniger auf gleicher Ebene mit anderen zu bewegen, rückt der Neid in den Hintergrund. Allerdings ist so etwas wie eine vollkommen gerechte Gesellschaft schlicht nicht möglich. Selbst wenn alle Menschen dasselbe Einkommen erhielten, würden sie sich dennoch in weiteren Aspekten unterscheiden wie der

Intelligenz, Sportlichkeit, Schönheit, Größe, Gewicht und so weiter. Sich mit Menschen zu umgeben, die weniger oder höchstens genauso viel Glück und Erfolg im Leben haben wie wir, könnte den Dieb natürlich in Schach halten – einfacher ist es sicherlich, an unserem Innenleben zu arbeiten. Dann können wir uns über den Erfolg anderer freuen, ohne dabei selbst weniger glücklich zu sein.

Dankbarkeit – die entgegengesetzte Kraft

Die entgegengesetzte Kraft zu Begehren ist *Dankbarkeit*. Neuere Studien zeigen, in welch ungeahntem Ausmaß Dankbarkeit unser Wohlbefinden, unsere Zufriedenheit, unsere Gesundheit und die Art und Weise, in der wir altern, verbessert. Sie fördert sogar prosoziale Verhaltensweisen.

Robert Emmons, Professor an der University of California, ist Pionier auf dem Gebiet der Dankbarkeitsforschung. Im Rahmen seiner bahnbrechenden Arbeit teilten er und seine Kollegen Testpersonen in drei Gruppen. Die erste Gruppe sollte sich fünf Dinge notieren, für die sie in den letzten Wochen dankbar waren. Eine zweite Gruppe sollte fünf Dinge festhalten, die sie in den letzten Wochen verärgert hatten. Und eine letzte Gruppe wurde gebeten, sich ohne nähere Anweisung fünf Dinge aus der letzten Woche zu notieren. Wie sich herausstellte, waren am Ende der Studie jene Teilnehmer, die zum Thema Dankbarkeit Tagebuch geführt hatten, weniger gestresst und deutlich optimistischer. Überdies gaben 25 Prozent von ihnen an, jetzt glücklicher zu sein. Es zeigte sich außerdem, dass sie mehr Sport trieben und weniger gesundheitliche Probleme hatten. Nun wurden auch Personen, die an Krankheiten litten, mit in die Studie einbezogen. Die Forscher konnten zeigen, dass selbst bei Menschen in schwierigen Lebenssituationen die Zufriedenheit und der Optimismus erheblich zunahmen und auch der Schmerz deutlich gelindert wurde, wenn sie zum Thema Dankbarkeit Tagebuch führten. Interessanterweise gaben diese Teilnehmer überdies an, nun freundlicher und hilfsbereiter mit anderen umzugehen.

In einer aufschlussreichen Studie machte Emmons Personen ausfindig, die sich besonders dankbar zeigten. Anschließend baten die Forscher Freunde dieser Menschen, einen Fragebogen auszufüllen, wobei sie die Antworten mit denen von Freunden weniger dankbarer Personen verglichen. Die Auswertung der Fragebögen zeigte, dass die dankbaren Personen deutlich hilfsbereitere, freundlichere und unterstützendere Verhaltensweisen an den Tag legten (etwa anderen Geld zu leihen, sich anteilnehmend oder mitfühlend zu zeigen oder emotionale Unterstützung anzubieten) als weniger dankbare Menschen.[4]

Seit Emmons mit der Erforschung der vorteilhaften Wirkung von Dankbarkeit begonnen hat, ist die Zahl der Studien zu diesem Thema rasant gestiegen. In ihrem 2016 auf *Psychology Today* erschienenen Blog hat die Autorin Ann Morin einen Großteil der Forschungsergebnisse zusammengefasst und sieben Vorteile benannt.[5] Zu diesen wissenschaftlich bewiesenen Vorteilen zählen, so die Autorin, dass dankbare Menschen weniger an Schmerzen leiden, sich häufiger sportlich betätigen, glücklicher und weniger depressiv sind, eher prosoziales Verhalten an den Tag legen, besser schlafen, selbstbewusster sind und weniger stressanfällig. Dankbare Menschen reagieren mit geringerer Wahrscheinlichkeit mit Rachegedanken beziehungsweise aggressiv auf negatives Feedback. Es gibt sogar überzeugende Hinweise darauf, dass Dankbarkeit das Immunsystem stärkt!

Wirklich bemerkenswert ist, dass die dankbaren Teilnehmer objektiv nicht mehr Grund hatten, für etwas dankbar zu sein, als die anderen. Viele von uns meinen, sie wären zufriedener, wenn sie mehr Glück im Leben hätten. Doch Dankbarkeit, die Gegenkraft zum Begehren, scheint durch einfache tägliche Übung gefördert werden zu können, wie zum Beispiel Tagebuch über all das zu führen, wofür wir dankbar sind. Mit anderen Worten: Es kommt weniger auf den Sachverhalt an, für den wir objektiv dankbar sind, sondern vielmehr auf unsere Geisteshaltung. Dankbar zu sein für das, was wir haben.

Wir könnten dabei nicht nur das schriftlich festhalten, wofür wir selbst dankbar sind, sondern ebenso das, was unseren Mitmenschen Gutes widerfährt. Wenn wir in unsere Dankbarkeit auch andere mit einbeziehen, lässt sich unser Begehren eindämmen. Ich selbst schreibe seit geraumer Zeit ein Dankbarkeitstagebuch und habe festgestellt, dass sich das in besonders positiver Weise auf meine Zufriedenheit auswirkt.

Was ist Erfolg?

Unserer Dankbarkeit Ausdruck zu verleihen allein reicht noch nicht aus, um den Dieb zu bändigen. Damit wir ihn wirklich in seine Schranken verweisen, ist es wichtig zu lernen, nach unserem eigenen Kompass zu leben, statt nach dem der anderen. Der Dieb möchte, dass wir unseren Erfolg am Vergleich mit anderen messen, anstatt uns auf unseren eigenen Weg zu konzentrieren.

Vor ein paar Jahren wurde ich von Lucy, einer 100-jährigen Dame, ausdrücklich davor gewarnt, mich mit anderen zu vergleichen, da jeder Mensch seine eigenen Talente habe. Die Folge ist, dass wir uns wie die Kühe in einem Cartoon verhalten, den ich einmal gesehen habe: An einer Kreuzung mit vier Bauernhöfen stehen vier Kühe, die allesamt ihre Köpfe über den Zaun strecken, um das Gras von der Weide des Nachbarn zu fressen. Wir glauben oft, dass wir genau das brauchen, was unser Nachbar hat, um glücklich zu sein.

Auch ich habe Erfahrungen damit gemacht, wie Neid und Begehren einem selbst schaden können. In dem Viertel, in dem ich aufgewachsen bin, gab es fast nur Jungs. Sport war demnach wichtig, und ich habe mich früh dafür begeistert. Ich wäre liebend gerne 1,90 Meter groß gewesen und wahnsinnig sportlich, doch bin ich nur 1,70 Meter groß und eher sportliches Mittelmaß. Als Kind habe ich die Nachbarsjungen für ihre Sportlichkeit beneidet und wäre gerne gewesen wie sie. Das hat mich ein großes Stück meines Glücks gekostet und mich sogar dazu gebracht, meine eigenen Talente herabzusetzen. Ich war derart neidisch auf ihre Fähigkeiten, dass ich mich nicht aus vollem Herzen für ihre Erfolge hätte freuen können, ohne mich selbst dabei abzuwerten. Der ältere Bruder meines besten Freundes war der Baseballstar der Highschool. Er hatte das Potential, in die Major League aufgenommen zu werden. Mit Beschämung gebe ich heute zu, dass ich mir einmal, als ich bei einem besonders wichtigen Spiel zusah, insgeheim wünschte, er möge verlieren. Dort war ein Mensch, den ich mochte und bewunderte, und da war ich, der ich mir sein Scheitern wünschte!

Der Dieb schaffte es nicht nur, dass ich mich elend fühlte, er hielt mich außerdem davon ab, mich für das Glück eines anderen aufrichtig zu freuen. Wenn wir uns im Leben ständig mit unseren Mitmenschen vergleichen, so wie es die böse Königin im Märchen *Schneewittchen* tut, macht uns das nicht nur unglücklich und nagt an unserem Selbstwert, sondern nimmt uns auch die »Mit-Freude«.

Das könnte bis zu einem gewissen Maß die Angst erklären, die einige Menschen in den sozialen Medien wie Facebook oder Instagram überfällt. Forschungen deuten darauf hin, dass die Nutzung sozialer Medien persönlich unzufrieden macht. Eine in Dänemark vom Happiness Institute durchgeführte Studie ergab, dass die Zufriedenheit der Teilnehmer zunahm, wenn sie für zwei Wochen kein Facebook nutzten. Neid und Begehren ließen nach.[6] Wenn wir die Postings der anderen durchlesen, fragen wir uns gern: *Wer führt das interessanteste Leben, hat die meisten Freunde, bekommt die meisten Likes?* Der Dieb will, dass wir stets darauf achten, was unser Nachbar, unser Kollege oder die Familie am anderen Ende der Straße oder der Stadt haben, anstatt auf das, was wir selbst besitzen.

Doch es gibt auch Studien, die das Gegenteil belegen: dass die mit Facebook und Co. verbrachte Zeit die sozialen Bindungen stärkt, politischen Aktivismus erhöht, Stress reduziert und intensivere Beziehungen schafft.[7] Woher kommt diese Diskrepanz? Genau jener Dieb, mit dem wir uns gerade befassen, hat da die Finger im Spiel.

Das, was wir in den sozialen Medien tun, hat einen starken Einfluss darauf, welche Gefühle in uns geweckt werden. Eine 2010 erschienene Studie von Carnegie Mellon[8] kommt zu dem Ergebnis, dass sich bei Menschen, die mit anderen in Interaktion treten (also Postings hinterlassen, sich Nachrichten schreiben, gemeinsame Ziele vorantreiben und etwas »liken«), die Wahrnehmung von Verbundenheit erhöht, während das Gefühl von Einsamkeit zurückgeht. Wenn die Studienteilnehmer hingegen einfach nur passiv große Mengen Content konsumierten, hatten die sozialen Medien den gegenteiligen Effekt: Das Gefühl der Verbundenheit verringerte sich, die Einsamkeit nahm zu.

Was die Gründe angeht, vermute ich Folgendes: Wenn wir vorwiegend darauf achten, was andere tun, also bloße Zeugen ihrer glücklichen Momente und Erfolge sind, hören wir, wie der Dieb uns einflüstert, dass sich unser Leben damit nicht vergleichen lässt. Nehmen wir allerdings teil, feiern und verbinden uns mit anderen, so macht uns das glücklicher.

Der Dieb kommt gern recht unscheinbar daher. Diese kleinen Momente des Begehrens eignen sich wunderbar, um für die größeren Angelegenheiten zu üben. Ich habe das am eigenen Leib erfahren, als eine Freundin Bilder von sich postete, wie sie in der marokkanischen Sahara im Zelt übernachtete. Ich war es gewesen, der ihr diesen besonderen Ausflug empfohlen hatte, nachdem ich ein Jahr zuvor selbst dort gewesen war. Mir fiel sofort auf, dass sie deutlich mehr Likes für ihre Bilder bekommen hatte als ich damals für meine Postings. Der Dieb tippte mir auf die Schulter. »Sei unglücklich«, sagte er.

Er wollte verhindern, dass mir die Fotos gefielen oder dass ich sie positiv kommentierte. Doch ich widersetzte mich. Nicht nur likte ich die Bilder meiner Freundin, sondern ich schickte ihr obendrein einen sehr positiven Kommentar, den sie warmherzig und liebenswürdig erwiderte. Ich fühlte mich stärker verbunden, freute mich an ihren Momenten des Glücks und war selbst zufriedener. Hätte ich stattdessen auf den Dieb gehört, so hätte ich mich sicherlich schlecht gefühlt und überdies eine Gelegenheit verpasst, meine Freundin glücklicher zu machen.

Auch in Situationen, in denen wir in Konkurrenz mit anderen stehen, erweist uns der Dieb keinen guten Dienst. Eine Freundin wollte einem Sportteam beitreten und glaubte, deutlich besser zu sein als ihre Mitbewerberin. Sie fragte den Coach: »Warum sollte sie besser sein als ich?«

Der Coach entgegnete: »Hör auf, dir Gedanken über andere zu machen, und konzentrier dich darauf, die beste Spielerin zu sein, die du sein kannst.«

Meine Freundin erzählte, dass diese Bemerkung etwas in ihr veränderte. Wollte sie es wirklich deshalb ins Team schaffen, weil ein anderer sich nicht gut geschlagen hatte? Sie beschloss, allen Spielern die Daumen zu drücken und für ihren Erfolg zu beten, auch für die Person, über die sie sich beim Trainer negativ ausgelassen hatte. Sie entschied sich sogar dazu, einem stärkeren jungen Spieler, der sich um dieselbe Position bewerben wollte, Geld zu geben, weil er es sich ansonsten nicht hätte leisten können. Sie richtete den Blick nicht mehr neidvoll auf das, was andere taten, sondern konzentrierte sich auf das eigene Spiel. So empfand sie den Bewerbungsprozess als viel angenehmer. Und wie sich herausstellte, spielte sie deutlich besser, seit sie den Dieb auf die Reserve-bank verwiesen hatte.

Große Hunde, kleine Hunde und glückliche Hunde

Einer meiner ersten Mentoren sagte mir, dass sich ein Mensch, der sich ein Leben lang mit anderen vergleicht, irgendwann wie ein Chihuahua unter lauter Bernhardinern vorkommen wird. Es wird immer einen Hund geben, der größer ist oder Eigenschaften besitzt, die man auch gerne hätte. Anstatt sich daran zu erfreuen, der Hund zu sein, der man ist, wünscht man sich ständig, einer anderen Rasse anzugehören.

Dieser Dieb ist ein Trickbetrüger. Er erscheint im Gewand hilfreicher Ambitionen, die unser Augenmerk darauf richten, etwas erreichen und wachsen zu wollen, um uns dann herein-zulegen: Er bringt uns dazu, Glück danach zu bewerten, wie wir im Vergleich zu anderen abschneiden, anstatt darauf zu achten, wie wir selbst sind oder ob wir unsere Begabungen nach besten Kräften weiterentwickeln. Auf diese Weise wird unser Leben, das eigentlich eine Reise sein soll, zu einem per-manenten Wettbewerb.

Das habe ich am eigenen Leib erfahren, als ich mein erstes Buch geschrieben hatte. Für mich war das eine große Leis-tung, und ich war mir sicher, dass mein Herz, sobald es einmal veröffentlicht wäre, voll der Dankbarkeit sei. Doch mit einem Mal verglich ich mich nicht mehr mit denen, die noch nie ein Buch geschrieben hatten, sondern mit solchen, die bereits mehrfach publiziert hatten. Selbst als mein Buch ein Bestseller wurde, vermochte das meine Dankbarkeit nicht zu steigern, denn nun schielte ich auf alle, deren Werke Mega-Bestseller waren. Das Glück, das einem das Schreiben und Veröffentlichen eines Buches normalerweise beschert, wurde mir gänzlich vergällt, weil ich mich ständig mit anderen verglich, anstatt den Blick auf meine persönliche Leistung zu richten.

Unsere Aufgabe im Leben besteht nicht darin, besser zu sein als andere, sondern wirklich wir selbst zu sein. Als ich *Die fünf Geheimnisse* schrieb, warnten mich einige meiner Interviewpartner vor dem Vergleich mit anderen, noch eindringlicher betonten sie jedoch, wie wichtig es sei, sich *selbst* treu zu bleiben! Also zu wissen, was einen glücklich macht. Und dann nach diesem inneren Kompass zu leben, und nicht nach dem, was andere für wichtig halten. Die Antwort des Spiegels wird uns nie befriedigen. Entweder sagt er uns, dass jemand anderer noch schöner ist, oder aber wir müssen den Spiegel jeden Tag aufs Neue befragen, um sicherzugehen, dass wir immer noch an erster Stelle stehen. Man kann sich wohl kaum etwas Anstrengenderes vorstellen, als im beständigen Vergleich mit anderen zu leben.

Vor ein paar Jahren wurde ich gebeten, für eine Zeitschrift einen kurzen Aufsatz zum Thema *Was ist am wichtigsten?* zu verfassen. Eine Gruppe herausragender Persönlichkeiten zerbrach sich dazu bereits den Kopf, und ich fühlte mich geehrt, an diesem Diskurs teilzunehmen. Es hatte allerdings auch etwas Beängstigendes, auf einem Stück Papier für alle Ewigkeit festzuhalten, was meiner Ansicht nach am wichtigsten ist. Wochenlang zermarterte ich mir das Gehirn. Was war wichtiger – Liebe, Weltfrieden, Spiritualität, Gesundheit, Beziehungen, Familie, Tradition? Die Liste schien unendlich. Am Ende brachte ich es auf einen einfachen Punkt: Am wichtigsten ist es zu wissen, was einem selbst am wichtigsten ist und darauf den Fokus im persönlichen Leben zu richten.

Und genau deshalb kann uns der dritte Dieb so gefährlich werden. Wenn wir unser Leben in stetigem Vergleich mit anderen verbringen, erklimmen wir möglicherweise eine lange Leiter, die in irgendeinem Gebäude bis ganz nach oben führt, ohne uns überhaupt im Klaren zu sein, ob wir wirklich dort ankommen wollen. Stellen wir uns stattdessen besser Fragen wie: *Was schätze ich? Was ist mir wichtig? Wie setze ich mein Leben bestmöglich ein?*

Den Dieb vertreiben

Jetzt kennen Sie den Dieb und werden im Alltag immer wieder auf ihn stoßen. Etwa wenn ein Kollege oder Freund besonders gut angezogen das Büro betritt oder es im Leben eines Bekannten richtig rundläuft. Der Dieb taucht auch an guten Tagen auf, wenn Ihnen das, was Sie erreichen, nie genug zu sein scheint, genauso wie an schlechten, an denen es Ihnen besonders schwerfällt, Dankbarkeit zu empfinden.

Fangen Sie an, der Gegenwart des Diebs mit Humor zu begegnen. Stellen Sie sich vor, wie Sie zu sich selbst sagen: *Ah, erwischt! Du vergleichst dich mal wieder mit anderen.* Allein der Akt des Bemerkens hat eine starke Kraft – der erste Schritt besteht also immer darin zu erkennen, was da eigentlich vor sich geht. Durch das Erkennen und Benennen einer Situation ist man bereits dabei, sie zu entschärfen. Während ich damals die Wüstenfotos meiner Freundin auf Facebook betrachtete, hat das Gewahrwerden des Diebs ausgereichet, um meine Emotionen und mein Denken zu verändern.

Ist ein Dieb erst einmal enttarnt, kann er uns nicht mehr länger austricksen. Es ist wie der Augenblick, in dem man hinter das Geheimnis eines Zaubertricks kommt. Auf einmal kann der Trick, oder auch ein ähnlicher, Sie nicht mehr täuschen, selbst wenn Sie es wollten. Mit der Zeit werden Sie immer geschickter werden, die Maske des Diebs zu erkennen. Je häufiger Sie ihn enttarnen, desto schneller sind Sie in der Lage, den Dieb zu entwaffnen, noch bevor er eine Reaktion auslösen kann.

Sobald wir den Dieb bemerkt haben, müssen wir ihn natürlich stoppen oder festnehmen. Stoppen bedeutet, nicht seinem Willen nachzugeben. Jedes Mal, wenn wir uns weigern, dem Dieb Macht zu verleihen, lässt sein Griff ein wenig nach. Ein Dieb, der beständig festgehalten wird, wird irgendwann seine Bemühungen einstellen.

Der bekannte Hirnforscher Alvaro Pascual-Leone von der Harvard University hat mir einmal erklärt: »Jedes Mal, wenn wir etwas Bestimmtes tun, steigt die Wahrscheinlichkeit, dass wir dasselbe bei ähnlicher Gelegenheit wieder tun. Wenn wir hingegen eine Tätigkeit *unterlassen*, nimmt auch die Wahrscheinlichkeit zu, dass wir das beim nächsten Mal unter ähnlichen Umständen wieder tun. Auf diese Weise entsteht ein Netz von Gewohnheiten, das zu einem Lebensmuster wird.«

Der Akt, etwas ganz einfach zu unterlassen, sich nicht mehr mental davon dominieren zu lassen, ist von großer Bedeutung. Mir fällt dazu ein wunderbares Video auf YouTube ein: Comedian Bob Newhart spielt einen Psychotherapeuten während einer Sitzung mit einer neuen Patientin. Grund für ihren Besuch ist ihre Phobie, lebendig in einer Kiste begraben zu werden.[9] Noch während sie all die Gründe aufzählt, warum sie an dieser Phobie leidet, erteilt ihr der Therapeut einen simplen Ratschlag: »Stop it!« Sie führt noch weitere Argumente für ihre Angst an, worauf er wiederholt: »Just stop it!« Weil die Sitzungszeit, die sie komplett bezahlen muss, noch nicht abgelaufen ist, beginnt die Patientin von weiteren Problemen zu berichten, etwa von ihren destruktiven Beziehungen zu Männern oder der Angst vor dem Autofahren. Der Therapeut wiederholt ein ums andere Mal beharrlich seinen Ratschlag, sie solle damit aufhören, schließlich handele es sich dabei um eine ungesunde Denkweise, mit der sie sich selbst schade.

Auf diese sermonartige Wiederholung reagiert die Patientin mehr und mehr gereizt, bis sich ihr Ärger schließlich entlädt und sie ihm entgegenschleudert: »Mir gefällt das nicht! Mir gefällt diese Therapie überhaupt nicht. Sie erzählen mir die ganze Zeit nur, dass ich damit aufhören soll!«

Ein Teil von uns widersetzt sich dem Gedanken, dass wir sehr wohl in der Lage sind, unser Gehirn zu programmieren. Das Vertreiben des Diebs beginnt immer mit diesen drei Worten: *Hör damit auf!* Wenn Sie merken, dass Sie sich mit anderen vergleichen – genau, Sie haben mich verstanden –, hören Sie einfach damit auf.

Wie immer besteht der dritte Schritt, der Schlüssel, im Ersatz. Finden Sie ein neues Denkmuster, das anstelle des Begehrens oder Neids treten kann. Erinnern Sie sich in diesem Fall daran, dass das Leben kein Wettbewerb ist. Unser Wert als Mensch

bemisst sich nicht daran, wie wir im Vergleich mit anderen abschneiden, sondern ob wir unser Leben, im Hinblick auf unser
persönliches Potential, so gut wie möglich führen. Wir haben
nicht in der Hand, wo wir im Vergleich mit anderen stehen.

Probieren Sie das folgende Mantra aus:

*Das Leben ist kein Wettkampf. Ich bin dankbar für das,
was ich habe und bin. Ich freue mich für den Erfolg anderer, denn wenn ich mich mit ihnen freue, macht mich das
glücklich.*

Am besten rezitieren Sie das Mantra nicht nur, wenn der Dieb
gerade da ist, sondern auch, wenn er nicht im Raum ist. Entwaffnen Sie ihn, bevor er überhaupt aktiv werden kann –
dazu sind diese Mantras ein großartiges Mittel. Die Mantras
funktionieren wie Sicherheitstüren und -fenster für unseren
Geist: So kann der Dieb gar nicht erst eindringen. Denn einen
Dieb zu erwischen und festzuhalten funktioniert zwar auch,
doch ist es deutlich einfacher, das Haus von vornherein dieb-
stahlsicher zu gestalten.

Eine Gesellschaft voller Neid

Der Dieb infiziert auch unser gesellschaftliches Leben. Es lohnt
sich, darüber nachzudenken, warum das scheinbar harmlose
Begehren in den Zehn Geboten neben so rabiate Taten wie

Lügen, Stehlen und Töten gesetzt wurde. Könnte es sich beim Begehren um eine zerstörerische Kraft für unser Zusammenleben handeln, die mehr ist als harmloser persönlicher Neid, der uns das Glück stiehlt?

Begehren wirkt subtil im Untergrund. Wenn ich vor allem mit Neid und Begehren auf die Besitztümer und Fähigkeiten meiner Nachbarn blicke, so könnte das Gefühl, das ich tief im Herzen hege, der Vorläufer zur Idee sein, ich könnte mir mit Recht einfach nehmen, was sie haben, oder meinen Neid an ihnen ausagieren – selbst wenn ich ihnen damit schade. Neid und Begehren gehören zur menschlichen Natur und sind an sich harmlos. Doch wenn wir lange genug in diesen Gedanken schwelgen, wenn wir es zulassen, dass wir unsere Mitmenschen vorwiegend durch diesen Filter betrachten, ist es wahrscheinlicher, dass wir auch so handeln. Und dieses Handeln aus dem Begehren heraus wirkt zerstörerisch auf die Gemeinschaft. Deswegen halten wir den Dieb am besten gleich an der Tür auf.

Studien zeigen, dass eine Haltung der Dankbarkeit – den eigenen Platz in der Welt zu zelebrieren, anstatt einen anderen zu begehren – Einfühlungsvermögen, Freundlichkeit und den Wunsch, andere zu unterstützen, steigert. Auch das Gegenteil ist richtig: Nehmen wir innerlich eine Haltung des Neids ein, so richten wir unser Handeln verstärkt gegen andere.

Mir selbst ist vor einiger Zeit klar geworden, was passiert, wenn wir unsere Haltung der Dankbarkeit aufgeben: Ich gelte eigentlich als freundlicher Mensch, etwas, worauf ich stolz bin. Mein ganzes Leben war es mir wichtig, nett zu meinen Mitmenschen zu sein, auch zu Fremden, mit denen ich nur ein einziges Mal zusammentreffe. Eines Nachts, ich hatte gerade eine besonders stressige Woche, befand ich mich auf dem Weg zum Flughafen, um zu einer Sitzung eines wichtigen Kunden zu fliegen. Kurz bevor das Flugzeug abhob, hörte ich die Nachricht meines Kollegen, der mich begleiten sollte, auf meiner Mailbox; er entschuldigte sich, weil er wegen eines Krankheitsfalls in der Familie leider nicht mitkommen könne und ich die Sitzung daher ohne ihn leiten müsse.

Obwohl mir der Kollege leidtat, wünschte ich mir, die Dinge wären anders. Ich war müde und wollte kein ganztägiges Seminar mit einer, wie ich wusste, schwierigen Gruppe leiten. Anstatt also dankbar zu sein, weil ich ihn unterstützen konnte, konzentrierte ich mich auf meinen Wunsch, die Situation möge anders sein. Als ich ins Flugzeug stieg, war ich, dieser normalerweise freundliche Kerl, ziemlich unhöflich zu den Flugbegleitern und dann sogar fast schon grob, als ich mich an der am Gang sitzenden Person vorbeidrängte, um meinen Fensterplatz einzunehmen. Während wir abhoben, dachte ich, ein wenig peinlich berührt, über mein Verhalten nach. Das ist die Kurzfassung dessen, was Begehren anrichtet. Immer wenn ich mir wünsche, die Dinge sollten anders laufen, fühle ich mich irgendwie übers Ohr gehauen. Groll steigt in mir auf, und ich verhalte mich weniger liebenswürdig.

Doch was ist so schlimm, wenn ein normalerweise freundlicher Mensch ein wenig unhöflich ist, weil er gerade keine Haltung der Dankbarkeit pflegt? Hat das wirklich nennenswerten Einfluss auf die Gesellschaft? Meiner Ansicht nach schon – vielleicht sogar in tiefgreifenderer Weise, als wir es uns zunächst vorstellen können. Ein wohlhabendes Ehepaar, das in einer Gesellschaft lebt, in der andere weniger Glück haben, wird sich wahrscheinlich nicht gegen höhere Steuern sträuben, wenn es mit Dankbarkeit auf den eigenen Besitz schaut, anstatt immer noch mehr zu begehren. Beliebte Schüler werden mehr Mitgefühl für Gemobbte und Außenseiter empfinden, wenn sie in Dankbarkeit für ihre Popularität leben, anstatt einen anderen beliebten Mitschüler an Popularität noch übertreffen zu wollen. Ja, diese Haltung könnte sogar verhindern, dass ein junger Kerl ein teures Auto in einer wohlhabenderen Gegend beschädigt, weil er dem Fahrer den Reichtum verübelt. Ein mit natürlichen Ressourcen gesegnetes Land, in dem es keine große Kluft zwischen Arm und Reich gibt, könnte sich eher dazu veranlasst fühlen, weniger begünstigten Staaten zu helfen, wenn es mit Dankbarkeit das eigene günstige Schicksal betrachtet: in relativer Sicherheit und in Komfort oder Luxus zu leben.

Die Geschichte wimmelt nur so von Tyrannen, die den dritten Dieb dazu benutzt haben, ein Volk gegen ein anderes aufzuhetzen. Wie Adolf Hitler, der den geschäftlichen Erfolg der deutschen Juden instrumentalisiert hat, um Missgunst gegen sie wachzurufen – die Deutschen hätten ansonsten keinen Grund gehabt, diese Mitbürger zu hassen. Oft fangen Neid und Hass auf subtile Weise an und werden schnell gefährlich.

Das soll nicht heißen, Dankbarkeit wäre ein Allheilmittel oder Begehren die Quelle allen Übels. Aus neueren Forschungen zum Verhältnis zwischen Dankbarkeit und mitfühlendem, unterstützendem Verhalten wissen wir jedoch, dass wir freundlicher sind, eher bereit zu teilen und seltener zu Rache neigen, wenn wir uns auf das konzentrieren, was wir haben, statt auf das, was wir nicht haben. Man braucht nicht allzu viel Phantasie, um sich vorzustellen, dass eine Welt, aus der dieser gierige Dieb vertrieben wäre, eine gütigere wäre als die, in der wir jetzt leben.

Ehrgeiz ist gut, sich zu vergleichen nicht

Der dritte Dieb ist sehr raffiniert. Ehrgeiz ist eine gute Sache, ebenso wie der Wunsch, sich zu verbessern. Wenn wir jedoch zulassen, dass in unserem Leben der Vergleich mit anderen im Mittelpunkt steht, bleibt unsere Suche nach Glück erfolglos. Es wird immer jemanden geben, der mehr Freunde hat, schöner ist und über Talente verfügt, die wir auch gerne hätten. Dabei ruinieren wir nicht nur unser persönliches Glück, wir werden überdies unfähig, den Erfolg anderer zu zelebrieren. Anstatt den Spiegel zu fragen: »Wer ist die Schönste von allen?«, ist es hilfreicher zu fragen: »Bin ich die beste Version meines Selbst? Habe ich mich wirklich nach meinen Möglichkeiten und Fähigkeiten entwickelt?«

Vier Wege, den dritten Dieb zu vertreiben

• Wenn Sie den Spiegel befragen, wird vor allem der Dieb zu Ihnen sprechen. Er will Ihnen weismachen, das Leben sei ein Wettkampf anstatt einer Reise. Fragen Sie stattdessen: *Bin ich die besten Version meines Selbst?*

- Üben Sie sich in Dankbarkeit, indem Sie täglich Tagebuch schreiben. Oder nehmen Sie sich einfach ein paar Minuten Zeit, drei Dinge zu benennen, für die Sie speziell an diesem Tag, und eine Sache, für die Sie allgemein dankbar sind. Wählen Sie jeden Tag einen anderen Menschen und notieren Sie drei Punkte, über die Sie sich für ihn freuen wollen.

- Wenn Sie soziale Medien nutzen, konzentrieren Sie sich darauf, die Interaktion mit anderen aufzuwerten, indem Sie sich ganz offen mit ihnen freuen. Nach einiger »Übung« werden Sie merken, dass Sie das zufriedener macht und Ihren Neid zurückdrängt.

- Vergessen Sie nicht, dass niemals vollständige soziale Gleichheit herrschen wird. Andere sind selten für unser Unglück verantwortlich. Wenn Sie den Geist des Begehrens zähmen, machen Sie die Welt um Sie herum ein kleines Stück friedvoller. Wann immer sich die Gelegenheit bietet, um jemandem, der weniger Glück hat, zu helfen, fokussieren Sie sich auf Ihre Dankbarkeit als Quelle der Güte.

Mantra

Das Leben ist kein Wettkampf. Ich bin dankbar für das, was ich habe und bin. Ich freue mich für den Erfolg anderer, denn wenn ich mich mit ihnen freue, macht mich das glücklich.

KAPITEL 5

Der vierte Dieb: Konsum

Janice, die vor ein paar Jahren bei mir als Assistentin arbeitete, war eine blitzgescheite, warmherzige Person mit einer besonderen Vorliebe für Ratgeberliteratur. Eines Tages saß sie mit einem fragenden Blick an ihrem Schreibtisch. Ich drehte mich zu ihr um: »Was überlegst du?«

»Ich sitze hier und denke an all das, was wir anstellen, um glücklich zu werden«, entgegnete sie. »Einen Partner finden, Geld verdienen, Hobbys nachgehen, noch mehr Freundschaften schließen und so weiter. Dann kam mir der Gedanke: *Was, wenn wir uns stattdessen dazu entschließen würden, einfach nur glücklich zu sein?*«

Wir gingen unserem Alltag nach, indes ließ mich ihre Bemerkung tagelang nicht los, wie ein Virus, der meinen Kopf befallen hatte und sich nicht mehr abschütteln ließ. *Was*, so fragte ich mich, *wenn das Glück weder außerhalb, noch in irgendeiner unserer Handlungen, Errungenschaften oder unserem Verzicht zu finden ist? Was, wenn das Glück eine Entscheidung ist, die mehr oder weniger jedem, in jedem Augenblick offensteht, in dem er oder sie beschließt, diesen inneren Zustand anzunehmen?*

Der vierte Dieb trägt den Namen Konsum – er ist derjenige, der uns einredet, es gebe etwas außerhalb von uns, das wir benötigten, um zufrieden zu sein. Er versucht, vor uns die Tatsache zu verbergen, dass wir die Entscheidung zum Glücklichsein stets selbst in der Hand haben. Im Grunde ist uns natürlich bewusst, dass der Weg zum Glück nicht über Konsum führen kann, jeder kennt schließlich Menschen, die scheinbar »alles haben« und dennoch unzufrieden sind; oder auch solche, die »fast gar nichts« besitzen und dabei überaus zufrieden zu sein scheinen. Dieser Dieb ähnelt einem durstigen Menschen, dem, obwohl er eine große Flasche mit frischem Wasser in der Hand hält, die Zunge am Gaumen klebt. Im Buddhismus gibt es die Vorstellung von der Seele als »Hungergeist«, einem Geist, der unablässig auf der Suche ist, doch unabhängig von dem, was er findet, hungrig bleibt.

Dieser Dieb flüstert Ihnen beständig sein hinterhältiges Mantra ins Ohr: »Sobald du x hast, bist du glücklich.« Der Platzhalter lässt sich beliebig ersetzen, etwa durch eine größere Wohnung, einen tolleren Partner, eine erfolgreichere Karriere, einen schöneren Körper, mehr Facebook-Freunde, ein renoviertes Haus, mehr Follower auf Twitter, mehr oder weniger Ruhm, mehr Freizeit beziehungsweise Arbeit und so weiter.

Doch geht es hier nicht nur um Konsum in seiner üblichen Bedeutung, also nicht nur um den Kauf und Verbrauch von Dingen. Dieser Dieb ist heimtückischer. Er redet uns ein, dass das Glück irgendwo *da draußen* liegt.

Glück ist eine Entscheidung. Das ist die Wahrheit, die der Dieb mit aller Macht vor uns zu verbergen sucht.

Der Mann mit dem verlorenen Schlüssel

Im Sufismus gibt es eine Geschichte, die sehr schön zeigt, wer dieser Dieb tatsächlich ist.

Ein Mann ging spätabends nach Hause, als er plötzlich seinen Freund Mulla bemerkte, der auf allen vieren unter einer Straßenlaterne nach etwas suchte.

»Was hast du denn verloren, Mulla?«, sprach er ihn an.

»Meinen Haustürschlüssel.«

»Ich helfe dir suchen«, erwiderte der Freund. »Wo genau hast du ihn denn verloren?«

»Da drüben, in meinem Haus.«

»Aber warum suchst du ihn dann hier?«

»Weil hier mehr Licht ist.«

Die Geschichte wirkt auf den ersten Blick ziemlich skurril, wie eine Lachnummer in einer Karnevalssendung – bis man den vierten Dieb als Hauptprotagonisten einsetzt. Mulla steht für uns alle, die wir außerhalb unseres eigenen Hauses nach etwas suchen, das dort nicht zu finden ist. Wir laufen dem Glück hinterher, weil der Dieb uns weismacht, dort draußen könnten wir es finden. Im Haus zu suchen ist tatsächlich anstrengender, doch weil das genau der Ort ist, wo das Glück liegt, kommen wir nicht darum herum.

Ich beschließe meine täglichen Meditationen mit einem Mantra, das ich auch zwischendurch öfter wiederhole. Es beginnt mit den Worten *Ich entscheide mich für Zufriedenheit*. Ich habe den Begriff *Zufriedenheit* mit Bedacht gewählt, und zwar deshalb, weil es meiner Ansicht nach nicht immer möglich ist, entschieden glücklich zu sein, während wir es jedoch *sehr wohl* in der Hand haben, uns für *Zufriedenheit* zu entscheiden. Zufriedenheit, die Bereitschaft, die Dinge so zu nehmen, wie sie im gegenwärtigen Moment sind, entspricht in Wahrheit der Entscheidung, nicht »unglücklich« zu sein. Sollte ich einmal unglücklich sein, wiederhole ich für mich die Worte: *Ich entscheide mich für Zufriedenheit.*

Als ich diesen Gedanken letzthin gegenüber einem Fremden aussprach, verspürte dieser, wie er sagte, eine sofortige Erleichterung. »Ich verstehe. Was auch immer in irgendeinem Augenblick passiert, ich habe die Macht, darüber zu entscheiden, nicht unglücklich zu sein. Zufriedenheit bedeutet nicht unbedingt ein lachendes Gesicht; sie meint die Entscheidung, mit sich selbst im Frieden zu sein.«

Glück – eine Entscheidung

Konsum ist bekanntermaßen die Wurzel unserer Konsumgesellschaft, und leider haben wir ein Wirtschaftssystem errichtet, das auf dem allgemeinen Irrglauben beruht, wir müssten etwas kaufen, um zufrieden zu sein. Werbespots wie der von Coca-Cola versprechen uns, das Glück mir den beworbenen Produkten zu erhalten. Internetpartnerbörsen verheißen, das Glück läge nur eine Verabredung weit entfernt. Unser altes Auto fährt vielleicht noch prima, doch schau nur, wie glücklich diese Menschen am Steuer ihres brandneuen Wagens aussehen. Ich denke, es ist kein Zufall, dass diese »Hungergeist«-Gesellschaft, die wir da geschaffen haben, unseren Planeten auch deshalb zerstört, weil wir nicht damit aufhören, das Glück da draußen zu suchen.

Selbst oder gerade in Beziehungen spielt uns der Dieb übel mit. Er redet uns ein, dass die Quelle unseres Glücks im Konsum von Liebe läge; dass wir nur dann glücklich sein können, wenn wir andere dazu bringen, uns zu lieben. In Wahrheit tragen wir die Liebe – nämlich die Eigenliebe – bereits in uns, ganz ohne irgendeinen äußeren Einfluss. Die Entscheidung, jemanden zu lieben und jedem Menschen mit Liebe zu begegnen, liegt in unserer Hand. Ironischerweise sind es meist jene mit besonders starker Eigenliebe – und die auch andere liebevoll behandeln –, die die Liebe anziehen. Hingegen erscheinen uns diejenigen am wenigsten liebenswert, die sich ganz besonders darauf versteifen, geliebt zu werden und Anerkennung zu erhalten. Das Geheimnis liegt nicht darin, Liebe zu bekommen, sondern vielmehr darin, Liebe zu *verkörpern*.

Die Idee vom Glück als Entscheidung, die uns jeden Moment offensteht, ist so einfach und radikal, dass wir uns ihr häufig widersetzen. Wir sind derart konditioniert, Glück für ein Nebenprodukt irgendeiner anderen Sache zu halten, dass viele, wenn ich sie dazu auffordere, sich für die Zufriedenheit zu entscheiden, gereizt reagieren. Um ehrlich zu sein, nervt es selbst mich manchmal, wenn ich mir diese Idee ins Gedächtnis rufe! Achten Sie darauf, was in Ihnen vorgeht, wenn Sie daran erinnert werden, dass Zufriedenheit eine Entscheidung ist, die Sie einfach jederzeit treffen können. Beobachten Sie genau, wie der Dieb uns zu täuschen versucht, indem er behauptet, Zufriedenheit sei etwas, das es zu erwerben gilt.

Das heißt natürlich keinesfalls, dass wir nicht Gefallen an

Dingen beziehungsweise Menschen finden könnten oder sollten. Ich mag Sonnenschein, doch ist es meine eigene Entscheidung, unzufrieden und unglücklich darauf zu reagieren, wenn es regnet. Zu reisen macht Spaß, doch die Entscheidung, unglücklich zu sein, sobald man wieder nach Hause kommt, ist genau das – eine Entscheidung. Eine tolle Beziehung zu führen ist eine Quelle der Freude, doch die Vorstellung, man könne ohne Beziehung nicht glücklich sein, entspricht nicht der Wahrheit. Der Dieb redet mir ein, nur *dann* glücklich sein zu können, wenn die Sonne scheint, wenn ich auf Reisen bin oder in einer Beziehung lebe.

Um den Dieb dingfest zu machen, geht es darum, ihn so früh wie möglich zu bemerken. Wenn es regnet und der Dieb Ihnen zuflüstert: »Wäre es nur sonnig«, dann können Sie ihn auf frischer Tat ertappen, stoppen und ersetzen.

Glück und Zufriedenheit sind Produkte des Gehirns. Eben deshalb hat Shakespeare Hamlet die bekannten Worte in den Mund gelegt: »An sich ist nichts weder gut noch böse, das Denken macht es erst dazu.«[1] Leider ignorieren wir diese Wahrheit gern. Nicht im Äußeren, in den Ereignissen, liegt das Glück, es liegt darin, wie ich *interpretiere,* was passiert.

Wenn Glück eine Entscheidung ist, heißt das dann, traurige Gefühle sind unnatürlich? Ist Traurigkeit dasselbe wie unglücklich sein? Ist ein gutes, wertvolles, erfülltes Leben per definitionem eines, in dem wir stets gut gelaunt sind?

Wir wissen heute, dass es körperliche Fehlfunktionen und Krankheiten gibt, die es Menschen unmöglich machen, ihre Gefühle und Stimmungen zu regulieren. Natürlich entwickeln wir für diese Personen neue Therapien, um ihnen zu helfen.

Auch in meiner Familie haben Mitglieder bereits davon profitiert, und es ist keine Schande, Medikamente einzunehmen, die sich ausgleichend auf die Stimmung auswirken können. Die hier beschriebenen Techniken, um uns leichter für Zufriedenheit zu entscheiden, bleiben dennoch relevant, auch wenn Sie zu diesem Personenkreis gehören.

Ich kann mir gut vorstellen, dass es eines Tages eine »Glückspille« gibt, die das Gehirn dazu anregt, auf eigenes Kommando hin Glückshormone auszuschütten. Aber im Moment ist es nicht so – wir müssen die Diebe selbst in Schach halten.

Sind Traurigkeit, Kummer und Gram für uns Menschen vielleicht sogar von Nutzen oder wertvoll? Oder ist unser Leben nur dann gut, wenn wir diese Gefühle nie erleben? Möglicherweise meint ein erfülltes Leben ja, dass selbst diese unangenehmen Emotionen angenommen werden, und zwar nicht als von außen kommende Gegebenheiten, die es zu überwinden gilt, sondern als Chance, den Zustand der Zufriedenheit zu wählen, selbst inmitten »negativer« Gefühle?

Denn auch hier täuscht uns der Dieb. Er redet uns nicht nur ein, das Glück sei irgendwo da draußen zu finden, sondern auch, dass »negative« Emotionen eine Art Feind sind. Sie mögen mitunter unangenehm sein, doch sie sind keineswegs unser Feind. Wenn wir Glück nur als das wunderbare Gefühl definieren, das wir empfinden, wenn alles gut läuft, übersehen wir einen wichtigen Aspekt des Menschseins. Denn wir können auch in schweren und kummervollen Zeiten die Entscheidung treffen, zufrieden zu sein.

Studien zeigen, dass einige Emotionen, die wir als negativ betrachten, aus entwicklungsgeschichtlicher Sicht dem Überleben dienten. So fanden Forscher der University of New South Wales in Australien heraus, dass Traurigkeit tatsächlich verstärkend auf Motivation, Ausdauer und Großzügigkeit wirkt.[2] Wir können uns über Traurigkeit, die uns ergreift, erheben und uns für Zufriedenheit entscheiden. Jedes Ereignis, das uns unglücklich macht, gibt uns die Gelegenheit, uns auf eine spirituelle Reise zu begeben, die darin besteht, unseren Bewusstseinszustand frei zu wählen. Wir besitzen diese Kraft, die jedoch, wie alle anderen Kräfte auch, trainiert und diszipliniert werden muss.

Ich bin glücklich, wenn ...

Der Geist ähnelt einem Muskel – je ausgiebiger wir ihn trainieren, desto stärker wird er. Hier eine einfache Übung: Achten Sie bewusst darauf, wann Ihnen durch den Kopf geht: *Ich bin glücklich, wenn ...* Dieser Satz macht Sie darauf aufmerksam, dass der Dieb im Raum ist. Es kommt nicht darauf an, wie Sie diesen Satz vervollständigen, weil die Sache oder Person oder das Ereignis an sich nicht zu Ihrer Zufriedenheit beitragen wird – sprich, Sie brauchen sie/ihn/es überhaupt nicht, um sich für Glück und Zufriedenheit zu entscheiden.

Wann immer Sie sich dabei ertappen, in Wenn-dann-Sätzen zu denken, ersetzen Sie das Ganze durch folgendes Mantra:

Ich kann mich in diesem Moment für Glück und Zufriedenheit entscheiden. Sie sind Produkte meines Geistes und nicht das Ergebnis dessen, was außerhalb geschieht. Ich entscheide mich jetzt dafür, glücklich zu sein.

Sie werden dieses Mantra zunächst viele Male wiederholen müssen, und es wird Ihnen wie eine reine Denkübung vorkommen, da der untrainierte Geist noch widerspricht. Indes, es ist der Dieb, der da widerspricht. Ihr klügeres Selbst kennt die Wahrheit bereits. Die einzige Methode, den Dieb loszuwerden, besteht darin, ihn gar nicht erst ins Haus zu lassen. Vertreiben Sie ihn immer wieder, und mit der Zeit wird er begreifen, dass er nicht willkommen ist, zumindest nicht in Ihrem Haus.

Das hört sich einfach an, und das ist es auch. Es braucht lediglich Geduld, um den eigenen Geist umzuprogrammieren. Sobald Sie es beherrschen, steht das Glück für Sie bereit, jederzeit.

Die Konsumgesellschaft

Leider treibt derselbe Hungergeist, der jeden von uns dazu anhält, sein Glück *da draußen* zu suchen, auch die ganze Gesellschaft zum Dauer-Konsumieren an. Ich bin nicht gegen

Konsum, noch habe ich etwas gegen schöne Dinge, neue Technologien oder ein elegantes Paar Schuhe. Doch ein Wirtschaftssystem, das darauf ausgerichtet ist, dass wir ständig konsumieren oder aber riskieren, dass die ganze Sache den Bach runtergeht, kontrolliert uns statt umgekehrt. Ein solches System ist der gesamten Menschheit ebenso abträglich wie jedem Einzelnen.

Vor einiger Zeit sind wir umgezogen. Beim Kistenpacken fiel uns auf, wie viele Kleidungsstücke, Schuhe und sonstige Besitztümer wir im Lauf der Jahre angehäuft und kaum genutzt haben. Manche Hosen oder Pullover hatten wir nur ein Mal und dann nie wieder getragen. Bei manchen dieser Dinge kommt es mir heute so vor, als wäre der Dieb mit mir im Laden gewesen. Ich war vielleicht ein wenig unglücklich und meinte, etwas Neues zu brauchen, das mich glücklicher stimmen würde. Natürlich haben die neuen Errungenschaften ihr Versprechen nicht oder nur sehr kurz gehalten.

Unser neues Zuhause ist ein Doppelhaus. In einem halben Haus, Tür an Tür mit einem anderen Paar, dachte ich darüber nach, wie sehr unsere Gesellschaft auf Besitz fokussiert ist. Es fängt an, wenn wir noch ganz klein sind, wenn wir ein anderes Kind anbrüllen: »Das ist *mein* Spielzeug!« Der Dieb verstärkt unser Gefühl der Isolation und Einsamkeit. Wir werden besessen von *mein* und *mir* anstatt von *unser* und *uns*. Ich überlegte, was es in diesen beiden Haushalten – dem der neuen Nachbarn und unserem – möglicherweise doppelt gab, an Dingen, die jeder von uns nur selten verwendet.

Ich mag den Trend der *Sharing Economy*, wenn Menschen alles Mögliche miteinander teilen, von Autos bis zu Wohnungen. Ökonomen, Regierungen und Unternehmen wissen nicht so recht, was sie von dieser neuen Praxis halten sollen. Nicht nur ist dieser Trend äußerst praktisch – wir können dabei eine Menge Geld sparen –, sondern er besitzt auch einen tieferen Kern. Die *Sharing Economy* erinnert uns daran, dass die Quelle des Glücks nicht im Besitzen liegt.

Als wir mit unseren neuen Nachbarn darüber gesprochen haben, wurde uns klar, dass es einiges gibt, was wir nicht doppelt brauchen. Wir benötigen nur eine Leiter, einen Rasenmäher, einen Rasentrimmer und so weiter. Wie weit wir wohl kämen, wären wir wirklich offen für eine andere Form des Zusammenlebens? Ökonomen befürchten womöglich, dass die *Sharing Economy* dem Wachstum schadet, weil wir dann weniger Autos, Rasenmäher und Leitern kaufen. Die grundlegendere Frage, über die wir in unserer Gesellschaft nachdenken sollten, lautet hingegen: *Was hat uns dazu gebracht, ein System zu erschaffen, das in erster Linie von fortwährendem Konsum und Besitz abhängt?*

Was ein gutes Leben ausmacht

Eine der wichtigsten Fragen, die jeder für sich klären und die auch gesellschaftlich geklärt werden sollte, ist die nach einem »guten Leben«. Heutzutage betrachten wir ein gutes Leben häufig als eines, das angefüllt ist mit vielen persönlichen Besitztümern sowie jeder Menge Erfahrungen. So bemisst auch das Bruttosozialprodukt den »Gesundheitszustand« unserer Gesellschaft anhand der Menge von produzierten und verwendeten Gütern. Dieses Leben hat Folgen: Wir besitzen unzählige Dinge, die wir größtenteils nur gelegentlich verwenden.

Autos parken stundenlang in der Einfahrt, jeder Nachbar hat seinen Rasenmäher, den er nur einmal pro Woche benutzt, Häuser und Räume stehen leer, und Schneefräsen, die man sich ganz leicht teilen können, nehmen in jeder Garage Platz weg. Ich möchte mich hier keinesfalls als Ausbund von Tugend darstellen. Es gab Zeiten, da hatte ich einen Hauptwohnsitz und zwei Ferienwohnungen. Die beiden Ferienwohnungen standen die meiste Zeit leer, was zum Teil daran lag, dass viele Menschen ihr eigenes kleines Stück vom Paradies wollen. Es gab also schlicht nicht genügend Mieter, um die Wohnungen das ganze Jahr zu füllen.

Diese Art der Nutzung führt zu einer unglaublichen Verschwendung, sowohl am Anfang, wenn die Dinge produziert werden, wie auch am Ende, wenn wir sie wegwerfen. Die Kosten für die Umwelt sind offensichtlich und reichen von toxischen Substanzen im Herstellungsprozess, von gerodeten Wäldern für Möbel und Häuser oder Kohlenstoffdioxid in der Atmosphäre über Mülldeponien und Plastik in den Ozeanen, wenn unser Müll zerfällt. Die Kosten für die Menschheit hingegen sind weniger offensichtlich.

Alles, das wir besitzen, haben wir gegen etwas eingetauscht, für gewöhnlich unsere Zeit. Wir arbeiten lange und nicht selten hart, um diese Besitztümer anzuhäufen, die uns nicht wirklich das versprochene Glück bringen. Arbeiten kann durchaus sinnstiftend sein, für viele Menschen ist es allerdings weit weniger erfüllend als etwa die viel zitierte »Quality

Time« mit Familie und Freunden, ehrenamtliche Tätigkeiten oder Hobbys. Als ich die beiden Ferienwohnungen aufgab, hatte ich plötzlich neue Freiheit: Ich konnte Aufträge ablehnen, die ich ansonsten nur zur Deckung aller Kosten angenommen hätte. Dadurch konnte meine Partnerin ihren Job an den Nagel hängen und einer für sie sinnvolleren Aufgaben nachgehen.

Viele der um die Jahrtausendwende Geborenen scheuen sich davor, Besitz anzuhäufen, und geben den Großteil ihres Geldes lieber für Reisen aus. Wir gestehen uns nur ungern ein, dass unsere Erlebnisse dem Planeten unter Umständen ebenso zusetzen wie unser Hab und Gut. Wenn wir um die Welt jetten, um den Horizont zu erweitern oder der Langeweile eines geordneten Lebens daheim zu entkommen, hat das Konsequenzen; wir vergrößern unseren ökologischen Fußabdruck und zerstören ehedem unberührte Orte in der Natur.

Keine Sorge, ich breche keine Lanze für den Sozialismus, lebe nicht in einer Jurte und habe auch nicht vor, das Reisen aufzugeben. Mir geht es auch nicht darum, uns allen Schuldgefühle einzureden. Es ist nicht verkehrt, schöne Dinge zu mögen, und die ohne Zweifel horizont- (und oftmals auch herz-)erweiternden Reisen in ferne Länder haben viele Vorzüge. Dennoch bleibt die Frage danach, was ein gutes Leben ausmacht, über die wir unbedingt gemeinsam nachdenken müssen.

Der Dieb hat natürlich eine Antwort parat: Ein gutes Leben bekommen wir durch das Außen, durch Dinge, Menschen, Ereignisse. Dabei ist uns eigentlich klar, dass ein gutes Leben seinen Ursprung in unserem Geist hat. Wir wissen außerdem, dass Beziehungen und Liebe die Seele auf eine Weise nähren, wie es Dinge niemals vermögen.

Wie also können wir den Dieb bändigen?

Meine Idee dazu: Jedes Mal, wenn ich etwas konsumieren möchte, stelle ich mir Fragen wie: *Wird mich das glücklich machen? Brauche ich das wirklich? Wie lässt sich dieses Bedürfnis erfüllen, ohne dabei für noch mehr Zerstörung zu sorgen?* Wir alle können uns überlegen – ähnlich, wie wir es bei der Doppelhaushälfte gemacht haben –, *was wir teilen können*. Kommen Sie mir Ihren Nachbarn, Freunden und Bekannten darüber ins Gespräch! Wenn wir etwas unternehmen oder kaufen wollen, das Folgen für die Umwelt oder die Gesellschaft hat, sollten wir uns ernsthaft mit unseren Bedenken konfrontieren, anstatt sie bloß beiseitezuwischen. Vielleicht geht es Ihnen wie mir mit meinen beiden Ferienwohnungen, und Sie kommen zu dem Schluss, dass weniger mehr ist – für Sie und für die Umwelt.

Gesamtgesellschaftlich können uns folgende Fragen weiterbringen: *Wie können wir ein System schaffen, das uns dem Glück näher bringt, in dem nicht der grenzenlose Konsum die einzige Triebfeder darstellt?*

Noch vor wenigen Jahrzehnten haben Zukunftsforscher vorhergesagt, dass der technische Fortschritt den Menschen von mühseligen Tätigkeiten befreien und ihm mehr Freizeit bescheren würde. Maschinen sollten uns die Arbeit abnehmen, und wir hätten mehr Zeit für alles, was uns wirklich am Herzen liegt. Wie jeder weiß, ist das Gegenteil eingetreten. In den meisten Ländern arbeiten die Menschen mehr denn je, was zum Teil am Wirtschaftssystem liegt, in dem Konsum die Voraussetzung für Arbeitsplätze und Wachstum ist. Tatsächlich haben Maschinen einen Großteil unserer Aufgaben übernommen, doch sind wir in dieser schnelllebigen Zeit verzweifelt damit beschäftigt, Dinge anzuhäufen, die wir früher oder später wieder wegwerfen, und die ihr Glücksversprechen niemals einlösen.

Ich wüsste zu gern, welches Wirtschaftssystem unser derzeitiges ersetzen sollte, doch leider bin ich ratlos. Auf jeden Fall besteht der erste Schritt darin, den Dieb als das zu erkennen, was er ist. Er tischt uns Lügen auf darüber, wo das Glück zu finden ist, mit der Folge, dass wir mehr arbeiten, als wir müssten, um Dinge zu kaufen, die wir häufig nicht brauchen. Und obendrein fügen wir unserem Ökosystem, von dem unser Leben abhängt, verheerenden Schaden zu. Es braucht neue Debatten, um diesen Räuber unseres kollektiven Wohlergehens aus dem Haus zu werfen und eine andere Definition des guten Lebens zu finden, in dem Konsum und Besitz nicht die Basis bilden.

Der Yogi am Strand

Vor ein paar Jahren habe ich während meines Urlaubs auf Jamaica an einer Yogastunde teilgenommen. Am Ende forderte uns der Lehrer auf, uns einen schönen Ort vorzustellen, der entweder real oder der Phantasie entsprungen sein konnte. Es sollte sich um eine Umgebung handeln, in der wir uns ruhig, glücklich und zufrieden fühlten, etwa ein Strand, ein stilles Zimmer, ein Tempel oder ein Berggipfel. Ich entschied mich für eine Waldlichtung, umgeben von großen, alten Bäumen, wo das gefilterte Sonnenlicht mich wärmte. Vögel zwitscherten, der Himmel war klar.

Dann wies er uns an, uns innerlich an diesen Ort zu begeben und die tiefe Zufriedenheit wahrzunehmen, die uns dort erfüllte.

»Das«, so erklärte er, »ist dein Platz. Er existiert in dir. Du kannst dich jederzeit, an jedem Tag, egal, was um dich herum vorgeht, dorthin begeben. Niemand muss dich hinbringen; du brauchst dazu von niemandem eine Erlaubnis; und wenn du dort bist, ist die Zufriedenheit dein. Vergiss nicht: Du kannst dorthin, wann immer du willst, und der Einzige, der dich davon abhalten kann, bist du selbst.«

Ich musste an die Berichte von Menschen denken, die unvorstellbare Horrorszenarien überlebt hatten, etwa als Entführungsopfer oder Kriegsgefangene. Viele von ihnen, vor allem jene, die es geschafft haben, dabei relativ ruhig zu bleiben, haben in der ein oder anderen Weise genau dieses Konzept angewendet. Glücklicherweise sind die Herausforderungen der meisten von uns deutlich überschaubarer. Doch vergessen Sie nicht, der Dieb möchte Ihnen weismachen, Sie bräuchten etwas, das außerhalb liegt, um Glück zu finden. Dabei befindet sich der Ort der Zufriedenheit in Ihnen.

Vier Wege, den vierten Dieb zu vertreiben

- Meditieren Sie täglich und wiederholen Sie dabei zu Anfang mehrmals das Mantra: *Ich wähle Zufriedenheit*. Finden Sie Wege, sich selbst daran zu erinnern, dass das Glück nicht *da draußen* liegt.

- Schieben Sie immer dann, wenn Sie sich sagen hören, *Ich bin glücklich, wenn* ... den Gedanken beiseite, und gehen Sie nach innen. Konzentrieren Sie sich auf Ihre Entscheidung, jetzt glücklich zu sein.

- Fordern Sie den Konsumenten in sich heraus. Überlegen Sie sich jedes Mal, wenn Sie etwas kaufen möchten, ob Sie das wirklich glücklich machen wird. Das Objekt an sich ist nicht das Problem, das Problem ist unsere Überzeugung, dieses Ding könnte uns zufriedener machen.

- Auf gesellschaftlicher Ebene sollten wir die große Frage angehen: *Wie können wir ein System erschaffen, in dem wir alle gut leben, ohne uns an grenzenlosen Konsum und an Dinge zu ketten, die in unserer Welt verheerenden Schaden anrichten?* Versuchen Sie, Ihren ökologischen Fußabdruck zu verkleinern: Teilen Sie Nutzgüter mit anderen, kaufen Sie weniger und legen Sie Besitz ab, der mehr nimmt (Zeit, Ressourcen) als gibt.

Mantra

Ich kann mich in diesem Augenblick für Glück und Zufriedenheit entscheiden. Sie sind Produkte meines Geistes und nicht das Ergebnis dessen, was außerhalb geschieht. Ich entscheide mich jetzt dafür, glücklich zu sein.

KAPITEL 6

Der fünfte Dieb: Bequemlichkeit

Der letzte Dieb – Bequemlichkeit – ist ziemlich heimtückisch. Auf den ersten Blick wirkt er manchmal sogar mehr wie eine Quelle des Glücks als ein Hindernis. Er ist wie eine lethargische Person, die, mit der Fernbedienung in der Hand, auf dem Sofa sitzt. Er will, dass wir auf demselben Kanal, derselben komfortablen Position und in einer Routine verharren, die alles andere als fruchtbar sind. Um die Folgen dieser Routine schert er sich nicht, selbst wenn das laufende Programm nicht mehr interessant für uns ist.

Es gibt eine wunderbare Geschichte darüber, wie wir sind, wenn dieser Dieb unser Leben dirigiert.

Ein Mann galoppierte durch ein kleines Dorf. Das Pferd hatte ein Höllentempo, und der Mann sah aus, als könne er jeden Moment herunterfallen. Ein Fremder rief ihm zu: »Wohin wollen Sie?«

Der Mann brüllte zurück: »Keine Ahnung, fragen Sie das Pferd!«

Mit diesem Dieb sind wir im Autopilot-Modus, getrieben von Routinen und Gewohnheiten, die bequem erscheinen, uns auf lange Sicht aber nicht weiterhelfen.

Das Glück und das Gehirn

Wir Menschen lieben Ordnung, und unser Gehirn scheint dazu angelegt, selbst aus Chaos Ordnung machen zu können. Wir entdecken Gesichter in Wolken, kreieren Tierkreiszeichen aus weit entfernten Gestirnskonstellationen und verwenden unser systematisches Gehirn zur Lösung konkreter Probleme. Was für eine große Gabe! Doch der menschliche Geist ist paradox: Unser Gehirn ist zwar für Routine angelegt, angeregt wird es aber durch Veränderung.

Ein Großteil unserer Entscheidungen wird von unserem Unterbewusstsein getroffen. Das ist sehr effizient und spart Energie für schwierige oder kreative Entscheidungen, die im bewussten Teil des Gehirns getroffen werden. Aus diesem Grund haben wir die natürliche Neigung, sooft wie möglich im Autopilot-Modus zu laufen. Wie der Autor (und mein Freund) Marshall Goldsmith gerne sagt: »Der Mensch macht am liebsten das, was er schon immer gemacht hat.«

Angeregt und beglückt werden wir allerdings durch Veränderungen: Jedes Mal, wenn wir eine neue Erfahrung machen, eine neue Bekanntschaft schließen, etwas Neues lernen, unbekannte Speisen essen oder uns an einen neuen Ort begeben, setzt unser Gehirn Glückshormone frei. Die Erklärung ist einfach: Neue Informationen bringen es mit sich, dass wir uns anpassen müssen, und so wird unser Gehirn munter.

Der Hirnforscher Alvaro Pascual-Leone hat es mir einmal so erklärt: »Biege ich um eine Ecke und treffe dort unvermutet auf einen Löwen, so ist das eine wichtige Information. Oder aber ich komme nach Hause, und meine Frau hat, anders als üblich, Lust – dann ist das ebenfalls nicht unwichtig.« Neue Informationen erfordern es, dass wir aufmerksam sind, wir werden angeregt; diese Anregung stimmt uns darauf ein, dass wir möglicherweise etwas Neues lernen, das für unser weiteres Überleben von Bedeutung sein kann. Die restliche Zeit verrichtet unser Gehirn eher mechanisch seinen Dienst.

Einen Großteil unseres Glücks ziehen wir aus dem Erleben, der Konfrontation mit Herausforderungen, ihrer Lösung und dem Erlernen neuer Fertigkeiten. Routine ist letztendlich tödlich für die menschliche Seele.

Wenn ich mit Gruppen arbeite, fordere ich die Teilnehmer gerne dazu auf, sich zu überlegen, in welcher Situation sie sich zutiefst *lebendig* gefühlt haben. Dann bitte ich sie, mir per Handzeichen mitzuteilen, ob sie währenddessen mit einer alltäglichen Tätigkeit oder mit etwas völlig Neuem beschäftigt waren. Die meisten sagen mir, dass sie sich vor allem in Zeiten der Veränderung sehr lebendig gefühlt haben.

Dieser Dieb greift in alle Lebensbereiche ein, auch in Paarbeziehungen. Routine und Bequemlichkeit in Partnerschaften können wahre Leidenschaftskiller sein. Leidenschaft hat ihre Wurzel im Unerwarteten. Zwar kann Leidenschaft auch in der Routine des Alltags aufkommen, doch erinnern wir uns häufig besonders lebhaft an erotische Momente in solchen Situationen, die neu oder unerwartet waren, etwa ein überraschender Wochenendtrip oder Sex an einem völlig ungewöhnlichen Ort. Das Neuartige und das Glück scheinen zusammenzugehören.

Wie aktuelle Studien zeigen, ist Routine für unseren Körper wie für den Geist geradezu schädlich. Erkrankungen wie Demenz und Alzheimer sind zu einem großen gesundheitlichen Problem geworden, für die betroffenen Familien wie die Gesellschaft. Zahllose Forschungsarbeiten belegen, dass das Erlernen neuer Fertigkeiten, wie etwa Tanzen oder ein Musikinstrument zu spielen, dem Verlust kognitiver Fähigkeiten entgegenwirken kann. Je mehr wir uns aus unserer gewohnten Routine herausbewegen und unsere Gehirne betätigen, desto stärker nehmen Zellwachstum und Hirnaktivität zu.[1]

Auch der Körper liebt Abwechslung. Ich habe jahrelang das immer gleiche Trainingsprogramm auf dem Laufband absolviert, sechs Mal pro Woche, 30 Minuten bei derselben Geschwindigkeit. Auch beim Krafttraining habe ich die gewohnten Übungen mehrmals pro Woche abgespult. Frustriert, da sich meine Kondition scheinbar nicht mehr steigern ließ, habe ich mich mit den Vorteilen hochintensiven Intervalltrainings befasst, bei dem sich kurze, sehr anstrengende Einheiten mit weniger intensiven abwechseln. Zwar profitieren wir sowohl von gleichmäßigem wie auch von Intervalltraining, doch weisen immer mehr Studien darauf hin, dass der Körper genau wie der Geist positiv auf Neues reagiert: Mein Gewicht sank, meine Kondition nahm zu. Zudem merkte ich, dass man sich deutlich leichter an Trainingspläne halten kann, die für Abwechslung sorgen: Unser Gehirn langweilt sich wahrscheinlich schnell, wenn es Tag für Tag immer dasselbe Pferd reitet.[2]

In Lebensmustern verhaftet bleiben

Es gibt noch einen zweiten, deutlich effektiveren Weg, über den der fünfte Dieb unser Glück schmälert – persönlich wie gesellschaftlich: die Neigung, per Autopilot zu funktionieren und unser Glaube, es sei einfacher, an überkommenen Mustern festzuhalten, selbst wenn uns diese nicht mehr nützen. Alte Gewohnheiten und festgefahrenen Verhaltens- und Denkweisen stehen unserem Glück und unserer Zufriedenheit nicht selten im Weg.

Meine Zeit an der Highschool war eine ziemlich schwierige Phase in meinem Leben. Mehrere widrige Umstände kamen zusammen: Ich litt fürchterlich unter Akne und wurde von meinen Mitschülern oft als »Pickelgesicht« tituliert. Die Schule, die ich besuchte, war klein, dort kam auf 24 Jungs genau ein Mädchen; es war fast unmöglich, eine Freundin zu finden. Erschwerend kam hinzu, dass ich meine Stärken im intellektuellen Bereich hatte, an meiner Schule aber sportliche und »harte Jungs« deutlich mehr Wertschätzung erfuhren. Intelligenz war nicht angesagt, daher versuchte ich nach Kräften, mich auf dem Gebiet der Leichtathletik hervorzutun, auch wenn meine Fähigkeiten diesbezüglich eher durchschnittlich waren.

Ich wurde schüchtern, riskierte es kaum zu scheitern und begab mich möglichst nur noch in Situationen, in denen ich hoffen konnte erfolgreich zu sein. Mein Lebensmotto lautete damals: *Absichern um jeden Preis.*

Als ich mit dem Studium anfing, hatte sich die Akne gelegt. Frauen begannen sich für mich zu interessieren, und ich bewegte mich endlich in einem Umfeld, in dem meine Intelligenz geschätzt wurde. Einerseits blühte ich auf, doch war mir das Auf-Nummer-sicher-Gehen zu einem festen Verhaltensmuster geworden. Die Realität hatte sich verändert, meine inneren Muster hingegen nicht. Statt eine Abfuhr zu riskieren und Frauen um ein Date zu bitten, dich ich wirklich mochte, fragte ich häufig nur jene, die bestimmt nicht Nein sagen würden. Dieses Sicherheitsdenken war mir derart in Fleisch und Blut übergegangen, dass ich Beziehungen aufrechterhielt, die gar nicht funktionierten. Mein Notendurchschnitt war großartig, doch um diesen – wie auch mein Selbstbewusstsein – nicht aufs Spiel zu setzen, machte ich einen Bogen um die schwierigeren Seminare und anspruchsvolleren Professoren. Obwohl ich den Bachelor mit hervorragenden Noten abgeschlossen hatte und an einer angesehenen Universität ein Masterstudium hätte aufnehmen können, tat ich das aus Furcht vor der Konkurrenz mit den anderen Überfliegern nicht und ging an eine gewöhnliche Uni.

Meine Routinen und Gewohnheiten, die zu den Gegebenheiten an der Highschool gepasst hatten, stellten sich in meiner Zeit als junger Erwachsener als kontraproduktiv heraus. Doch es hat mich Jahre gekostet, diese Muster zu durchbrechen. Mein Glück wie auch mein Potential wurden eine ganze Zeit lang durch ein altes, antrainiertes Verhaltensmuster gedrosselt, das mir längst nicht mehr von Nutzen war.

Viele von uns stecken in antrainierten Verhaltensmustern, die uns irgendwann einmal geholfen haben, körperlich und seelisch zu überleben, heute jedoch obsolet sind. Der Dieb, die Fernbedienung fest in der Hand, ermahnt uns, nicht den

Kanal zu wechseln, da ansonsten schlimme Dinge passieren. Natürlich ist in Wahrheit das Gegenteil der Fall: Nur wenn wir von der überholten Routine ablassen, um neue, geeignetere Muster zu finden, können wir glücklich werden.

Hier ein weiteres Beispiel, das uns zeigt, wie fest der Dieb die Fernbedienung umklammert hält. Vielleicht sind Sie in einer Familie groß geworden, in der Konflikte um jeden Preis vermieden wurden. Hätten Sie offen gestritten, hätte das eine Eruption verbaler oder körperlicher Gewalt auslösen können. Ihr junger Geist hat also angefangen, Meinungsverschiedenheiten mit negativen Konsequenzen in Verbindung zu bringen. Sie haben gelernt, ruhig zu bleiben, Bedürfnisse hintanzustellen und jeden aufkommenden zwischenmenschlichen Konflikt bereits im Keime zu ersticken. Dieses Verhaltensmuster hatte seinen Sinn und hat Ihnen geholfen, als Kind daheim zu überleben, ebenso wie es mir an der Highschool geholfen hat, auf Nummer sicher zu gehen.

Sie haben nicht erfahren, dass es Beziehungen in Wahrheit zugute kommt, wenn Probleme angesprochen werden, anstatt sie totzuschweigen. Möglicherweise widerstrebt es Ihnen, über Ihre Bedürfnisse zu sprechen, weil Sie den Frieden wahren wollen. Weil niemand Ihnen vorgelebt hat, wie Konflikte auf gesunde Weise gelöst werden, verbinden Sie heute Meinungsverschiedenheiten fälschlicherweise mit etwas Negativem. Nun leben Sie in einer Beziehung, und sobald der leiseste Konflikt aufkommt, machen Sie zu. Der Dieb möchte, dass Sie für immer an dieser alten Gewohnheit festhalten, die einst sinnvoll war, inzwischen allerdings angepasst werden müsste.

Bestimmt gibt es viele weitere Beispiele, doch hilfreicher für Sie dürfte sein, über Ihr eigenes Verhalten nachzudenken. Welche Muster haben Sie erlernt, die früher vielleicht nützlich waren, Ihnen heute aber nicht mehr weiterhelfen? Wie bringt Sie der Dieb dazu, an Routinen festzuhalten, die im Grunde kontraproduktiv sind? Und wie können Sie diesem Dieb auf die Schliche kommen?

Den Dieb aus dem Haus werfen

Auch bei unserem letzten Dieb zieht das bekannte System – wahrnehmen, stoppen und ersetzen bzw. transformieren, um ihn zu vertreiben. Er ist wohl der Dieb, der am schwersten zu fassen ist; einerseits, weil Bequemlichkeit und Routine an sich nichts Schlechtes sind, zum anderen, weil unsere Routinen und Verhaltensmuster oft derart stark verwurzelt sind, dass es schwierig wird, sie objektiv zu betrachten.

Im ersten Schritt geht es darum, die Muster zu erkennen, die sich möglicherweise aufgrund früherer Erfahrungen tief eingegraben haben. Eines meiner Muster war ja, stets auf Nummer sicher zu gehen und mich auf solche Aktivitäten zu beschränken, in denen ich fast immer erfolgreich war. Zwar ist dagegen grundsätzlich nichts einzuwenden, doch hat es mich oft davon abgehalten, das zu tun, was ich wirklich wollte oder was mich weitergebracht hätte. Nicht selten ist dieser Prozess schwierig oder sogar schmerzhaft – aber er ist wichtig.

Dazu ein weiteres Beispiel aus meinem eigenen Leben: Weil der Vater eines guten Freundes an Depressionen litt, brauchte er besonders viel Aufmerksamkeit von seiner Familie. Mein Freund gab ihm diese Unterstützung in seiner Kindheit gerne, obwohl eigentlich er die Zuwendung seines Vaters gebraucht hätte. In einer idealen Welt sind es die Eltern, die für das Kind da sind, nicht umgekehrt. Inzwischen ist dieser Freund erwachsen, und jedes Mal, wenn er von jemandem zu sehr gebraucht wird, ruft das eine Überreaktion hervor, wie er sagt. Er begreift normale Abhängigkeit mitunter als Bedürftigkeit und zieht sich oft zurück, wenn er fürchtet, dass jemand zu viel von ihm fordert.

Allerdings ist er sich dieses Musters durchaus bewusst, hat eine Menge Zeit darauf verwendet, es zu verstehen, und ist sensibilisiert darauf zu erkennen, wenn dieses ferngesteuerte Pferd mal wieder mit ihm durchgeht. Er erzählt vertrauten Menschen von diesem Muster, damit sie ihm helfen können, seine Neigung zu bekämpfen, sich zurückzuziehen, sobald jemand etwas von ihm braucht. Sich aus einer Situation zurückzuziehen ist eine durchaus akzeptable Verhaltensweise, nicht jedoch, wenn es sich dabei um die automatisierte Wiederholung eines überkommenen Musters handelt. Weil er sich genügend Zeit genommen hat, sich dieser Zusammenhänge bewusst zu werden, ist er heute in der Lage, gesunde Beziehungen aufzubauen. Er kann andere unterstützen, wahrt dabei jedoch gesunde Grenzen.

Im nächsten Schritt geht es darum, den Dieb zu stoppen. Das bedeutet nicht zwangsläufig, dass Sie eine völlig neue Richtung einschlagen müssen. Es bedeutet auch nicht, dass Sie diesen Gaul nie mehr mit sich durchgehen lassen. Wenn mir meine innere Stimme zuflüstert: *Geh auf Nummer sicher!*, muss ich mich fragen, ob diese Stimme mir gerade jetzt gute Dienste leistet. Wispert Ihnen diese Stimme zu: *Konflikte sind schlecht* oder *Diese Person braucht mich zu sehr*, dann treten Sie einen Schritt zurück und fragen Sie, ob das eine Stimme ist, der Sie Beachtung schenken wollen. Wenn wir achtsam sind, können wir hinterfragen, ob ein altes Muster uns in der gegenwärtigen Situation noch nützlich ist. Manchmal lautet die Antwort Ja, häufig jedoch Nein.

Schließlich ersetzen wir das gedankliche Muster durch ein anderes.

Probieren Sie bei diesem Dieb das folgende Mantra:

Ich bin nicht meine Muster. Nur weil das mein üblicher Weg ist, bedeutet das nicht, dass er mir gerade jetzt nützlich ist. Ich kann einen neuen Weg einschlagen.

Wenn Sie diesem Punkteplan folgen, kann das massive Auswirkungen auf Ihr Leben haben. Eine meiner Freundinnen ist ziemlich schüchtern, weil sie als Kind oft verbal angegangen wurde. Hinter dieser Schüchternheit steckte die Überzeugung, im Beisein anderer niemals gut genug zu sein oder mit ihnen mithalten zu können. Dieses Verhaltensmuster hatte sich im Laufe der Jahre verfestigt, sodass es ihr sehr schwerfiel, offen mit Menschen umzugehen. Deshalb vermied meine Freundin Augenkontakt, selbst im direkten Gespräch. Sie wurde sich dieses Musters bewusst, fand heraus, wo und warum es entstanden war und beschloss, diesem Dieb das Handwerk zu legen. Sie überlegte sich zu diesem Zweck ein Spiel: mit anderen Blickkontakt aufzunehmen und diesen nicht als Erste wieder abzubrechen. Als meine Freundin damit anfing, fühlte sie sich dabei zunächst ziemlich unbehaglich nach all den Jahren, in denen sie Blickkontakt vermieden hatte. Doch indem sie ein Spiel daraus gemacht hatte und es nicht darum ging, sich selbst zu bewerten, wurde der Blickkontakt immer normaler für sie. Und so begann die Auflösung eines tiefergehenden Musters.

Ein wunderbares Beispiel dafür, wie sich durch das Stoppen einer Gewohnheit, ohne diese zu bewerten, sowie das Ersetzen durch eine neue Verhaltensweise Muster durchbrechen lassen, die sich über Jahrzehnte eingeschliffen haben. Um den fünften Dieb zu vertreiben ist es häufig das Beste, sich auf die Verhaltensänderung zu konzentrieren, also so zu handeln, als hätte man das neue gedankliche Muster bereits im Repertoire. Dadurch schleift es sich ein und verstärkt sich.

Der Dieb will uns glauben machen, dass unsere vertrauten Muster ebenso wie die frühen Erfahrungen, die uns geformt haben, unser Schicksal sind. Aus der Hirnforschung kommt hingegen die gute Nachricht, dass sich alte Gewohnheiten in jedem Alter ablegen lassen, auch wenn unsere Gehirne grundsätzlich auf Routinen ausgelegt sind. Das haben neuere Studien auf dem Gebiet der neuronalen Plastizität ergeben. Anfangs braucht es oft etwas Überwindung und auch Übung, doch mit der Zeit werden Sie neue Gewohnheiten entwickeln, die irgendwann ebenso stark verankert sind wie jene, die Ihnen inzwischen nicht mehr weiterhelfen.

Unsere »bequeme« Welt

Dieser Dieb treibt auch auf globaler Ebene sein Unwesen. Nicht nur, dass er uns als Privatpersonen dazu verführen möchte, auf dem Pferd sitzen zu bleiben, obwohl es in die verkehrte Richtung läuft – diesen Trick versucht er bei der gesamten Gesellschaft.

Tausende von Jahren war die Menschheit der Natur schutzlos ausgeliefert. Die Welt war groß und wir klein und wenige. Als Spezies haben wir die Natur als üppig und unerschöpflich betrachtet und tun es heute noch. Weil wir so dachten und denken, glaubten wir, uns die Natur untertan machen zu dürfen oder zu müssen. Wir lernten zu jagen, bebauten das Land nach unseren Bedürfnissen, rotteten um des Konsums willen systematisch bestimmte Tierarten aus und förderten schlussendlich zur Energiegewinnung fossile Brennstoffe, die seit Jahrmillionen in der Erde eingelagert sind. Diese Art, mit der Natur umzugehen, ergab noch mehr oder weniger Sinn, als es nur ein paar Millionen Menschen und scheinbar unendliche natürliche Ressourcen gab.

Doch wenn sich die Umstände ändern, können solche Gewohnheiten und Sichtweisen schädlich werden – genauso wie mein Muster an der Highschool, immer auf Nummer sicher zu gehen. Genau wie der Mann auf dem Pferd, bewegt sich die Menschheit weiter in dieselbe Richtung, mit derselben Geisteshaltung, die längst nicht mehr nutzbringend ist.

Heute leben etwa 7,5 Milliarden Menschen auf der Erde –

vier Milliarden mehr als zum Zeitpunkt meiner Geburt vor 58 Jahren. Die überreiche Welt, in die ich hineingeboren wurde, hat sich in weniger als einem Menschenleben dramatisch verändert. Das bequeme Muster, sich die Natur untertan zu machen, als wäre sie unerschöpflich, hat damals funktioniert. Seitdem haben wir beinahe jede kommerziell verwertbare Fischart überfischt, Tonnen von Düngemittel in die Ozeane gekippt, die die Korallenriffe zerstören und riesige Todeszonen haben entstehen lassen. Eine Unmenge von Plastik ist seither in die Ozeane gelangt, die zu schwimmenden Müllinseln mit einer Reichweite von Hunderten von Kilometern geworden ist. Die Artenvielfalt, den eigentlichen Lebensnerv unseres Planten, haben wir dezimiert, wobei das Artensterben tausend Mal schneller voranschreitet als im historischen Mittel. Und durch unsere Kohlendioxidemissionen haben wir die Weichen für eine Veränderung des Klimas gestellt, von dem wir alle abhängen. All diese Schäden haben wir größtenteils nicht aus böser Absicht angerichtet, sondern aus einer überkommenen Geisteshaltung heraus, die heute einfach nicht mehr dienlich ist.

Erstaunlicherweise gibt es immer noch zahlreiche Menschen, die glauben, unsere Art wäre zu schwach und gar nicht in der Lage, den ganzen Planeten zu verändern. Und bisher hatten sie damit recht. Die Weltbevölkerung ist erst in den vergangenen Jahrzehnten explodiert, zudem hatten wir davor die technischen Möglichkeiten noch gar nicht, um die Erde in einer Weise umzugestalten, die das zukünftige Leben gefährden könnte. Unsere Gewohnheit des ungezügelten Konsums und unser maßloser Energieverbrauch haben eine Weile funktioniert, inzwischen bedroht diese Haltung aber unsere Existenz.

Oder unser ungebrochener Glaube an den marktwirtschaftlichen Kapitalismus, dem so viele Bewohner der entwickelten Nationen, vor allem in den USA, anhängen. Freie Märkte sind für viele die Antwort auf sämtliche wirtschaftlichen und sozialen Probleme. Die freie Marktwirtschaft hat zweifellos ihre Vorzüge und erscheint noch immer als das beste aller möglichen Systeme, im Vergleich mit dem Kommunismus oder Sozialismus, wie er in der früheren Sowjetunion praktiziert wurde; auch im Vergleich mit den totalitaristischen Modellen der Vergangenheit, die den menschlichen Einfallsreichtum und die Entwicklungsmöglichkeiten begrenzt haben.

Allerdings bindet uns die Furcht vor neuen Denkformen auch an ein System, das zwar in vielerlei Hinsicht funktionieren mag, das jedoch die Schere zwischen Arm und Reich noch weiter aufklaffen lässt, nebst der weltweiten dramatischen Umweltzerstörung, die wir zugunsten kurzfristiger Profite in Kauf nehmen. Gier hat im Jahre 2008 beinahe zum Zusammenbruch der gesamten Weltwirtschaft geführt, und unsere Ökonomieform zieht das Bruttosozialprodukt dem Wohlergehen der Bürger vor. Damit will ich keinesfalls sagen, ich wüsste genau, welches System sich am besten als Ersatz eignet. Mir geht es vielmehr darum, sichtbar zu machen, wie uns das bequeme Verharren im Status quo davon abhält, die richtigen Fragen zu stellen. Der Dieb hat ein Interesse daran, dass wir auf diesem Pferd sitzen bleiben, im Irrglauben, die Zügel selbst in der Hand zu halten, während in Wahrheit Gewohnheit und Routine über unseren Weg bestimmen.

Ähnlich verhält es sich mit dem Terrorismus. In einer Welt, in der die Feinde ganze Nationen waren, ergab die Haltung, Kriege durch militärische Macht und eine harte Hand gewinnen zu wollen, durchaus einen Sinn. Doch die Realität hat sich verändert. Die Bekämpfung des Terrorismus ist ein Krieg, der nicht nur durch Waffen, sondern auch durch Ideen ausgetragen wird. Wir kämpfen hier nicht gegen ein anderes Land, sondern gegen bestimmte Gruppierungen, deren Ideologien sich international immer weiter verbreiten. Eine einzelne unzufriedene Person reicht bereits aus, um verheerende Schäden anzurichten.

Anstatt uns Gedanken zu machen, wie wir Brücken bauen und den Krieg der Ideen drehen können, reden wir meist nur darüber, wie wir mit mehr militärischer Macht, Sicherheit und Technologie siegen können. Es ist ja nicht so, dass Technologie oder das Militär bei der Terrorismusbekämpfung nicht von Nutzen wären – selbstverständlich sind sie das. Der Punkt ist, dass wir gerne in alten Bahnen denken, die angesichts der neuen Gegebenheiten und Entwicklungen nicht mehr sinnvoll sind. Gesellschaften und ganze Nationen können stumpfsinnig auf dem Pferd der Gewohnheit reiten wie jeder Einzelne auch.

Sehen wir uns dazu an, wie in vielen westlichen Ländern mit potentiellen Terroristen verfahren wird. Seit dem Bürgerkrieg in Syrien und der Ausbreitung des IS ringen zahlreiche Nationen um den richtigen Umgang mit Bürgern, die in den syrischen Krieg ziehen, wo sie oft radikalisiert werden. Die meisten Staaten Europas gehen mit aller Härte gegen Syrien-Rückkehrer vor. So hat die französische Regierung Moscheen schließen lassen, die im Verdacht stehen, radikalen Islamisten Unterschlupf zu gewähren. Großbritannien erklärt Bürger, die ausgezogen sind, um den IS zu unterstützen, als Staatsfeinde. Mehrere Staaten haben gedroht, ihnen die Reisepässe zu entziehen.

Die dänische Stadt Aarhus verfolgt seit 2012 einen alternativen Ansatz. Der örtlichen Polizei fiel damals auf, dass vermehrt junge muslimische Männer nach Syrien zogen. Daraufhin ließ man die Bürger Dänemarks wissen, dass jeder, der in Syrien gegangen war, jederzeit wieder in seinem Heimatland willkommen wäre und dort schulische Förderung, Unterstützung bei der Wohnungssuche, psychiatrische Hilfe oder was zur Wiedereingliederung in die dänische Gesellschaft nötig wäre, erhalten würde. Dieses Programm, von den Medien als »Umarme einen Dschihadisten« verschrien, basiert in der Tat auf soliden, durch wissenschaftliche Erkenntnisse gestützten Fakten.

Wie wir aus Studien wissen, besteht ein enger Zusammenhang zwischen der Radikalisierung junger Männer und deren Gefühl, gedemütigt oder diskriminiert worden zu sein. Außerdem hat sich gezeigt, dass Menschen, denen man warmherzig begegnet, sich höchstwahrscheinlich in der gleichen Weise verhalten. Doch Achtung, es geht hier nicht darum, Terroristen zu verhätscheln. Die Männer, von denen ich spreche, sind ja noch nicht kriminell – sie sind lediglich potentielle Terroristen. Das Programm hat sich als ziemlich erfolgreich bei der Reintegration dieser jungen Männer in die Gesellschaft erwiesen und auch bei ihrer Deradikalisierung.[3]

Ich will hier keine einfachen Lösungen für komplexe Probleme verkaufen. Vielmehr soll dieses Beispiel illustrieren, wie unkonventionelle Wege heraus aus alten Denkmustern und gesellschaftlichen Vorurteilen führen können. Neue Realitäten verlangen nach neuen Lösungen. Besonders wichtig ist, dass wir überhaupt wahrnehmen, welche Rolle Bequemlichkeit in unserer kollektiven Reaktion auf sich schnell verändernde Umstände spielt. Nur wenn wir diesen Gaul der Gewohnheit stoppen, können wir anfangen, darüber nachzudenken, wie sich diese alten Muster anpassen lassen.

Die Zügel in die Hand nehmen

Wir mögen das Bequeme, weil es uns ein Gefühl der Sicherheit vermittelt und weil es effizient ist – doch genau diese Haltung verhindert unser Glück. Es sind die überraschenden Momente, nicht die Routinen, die Lebendigkeit in unser Leben bringen. Erst wenn wir beim Reiten die Führung übernehmen und nach den Zügeln greifen, um vom Kurs der alten obsoleten Gewohnheiten abzuweichen, entdecken wir neue Wege, die für uns wirklich sinnvoll und »gehenswert« sind. Wir können eine gerechtere Welt schaffen, wenn wir den Dieb der Gewohnheit erkennen, stoppen und durch frische Ideen und Herangehensweisen ersetzen.

Vier Wege, den fünften Dieb zu vertreiben

- Nehmen Sie sich vor, jede Woche ein oder zwei neue Dinge auszuprobieren. Variieren Sie Routinen, etwa indem Sie auf dem täglichen Spaziergang einen neuen Weg einschlagen oder indem Sie mit Ihrem Partner am Freitagabend etwas unternehmen, das sie beide noch nie gemacht haben. Lernen Sie ein Musikinstrument, eine Fremdsprache, eine neue Sportart – das kommt sowohl der körperlichen wie auch der geistigen Gesundheit zugute.

- Seien Sie achtsam für Ihre »Bequemlichkeitsmuster«. Was tragen Sie aus der Vergangenheit mit sich herum, das nicht mehr zu Ihrem heutigen Leben passt? Wenn Sie ein solches Muster erkannt haben, nehmen Sie sich zwei Monate Zeit, um zu beobachten, wie und wo es auftaucht; schlagen Sie dann entschlossen eine andere Richtung ein.
- Sie sind fähig, alte Gewohnheiten zu verändern oder ganz aufzugeben! Gehen Sie gegen jede Gewohnheit vor, die Ihnen nicht mehr von Nutzen ist.
- Diskutieren Sie mit Freunden, Nachbarn, Kollegen und auf politischer Ebene mit, wie wir im Einklang mit der Natur leben, die Auswüchse des Kapitalismus zügeln und neue Wege finden können, um unsere zwischenmenschlichen Differenzen zu lösen.

Mantra

Ich bin nicht meine Muster. Nur weil das mein üblicher Weg ist, bedeutet das nicht, dass er mir gerade jetzt nützlich ist. Ich kann einen neuen Weg einschlagen.

KAPITEL 7

Wie Sie die Diebe aus dem Haus jagen

Nun, da wir uns eingehend mit den fünf Glücksdieben befasst haben, wenden wir uns der wichtigen Aufgabe zu, sie aus unserem Leben zu verbannen. Stellen Sie sich dazu unseren Geist wieder als eine Art Haus vor. Genau hier wohnt unser Glück, demnach ist es wichtig zu entscheiden, wer dieses Haus betreten darf. Ebenso gehört es zu den Hauptaufgaben einer Gesellschaft, bewusst darüber zu entscheiden, auf welcher Grundlage wir das globale Haus regieren wollen.

Wenn wir die oben beschriebenen fünf Diebe davon abhalten können, unser Haus zu beherrschen, sind uns Glückseligkeit und Wohlbehagen so gut wie sicher. Diese Diebe verkörpern die Hauptquelle allen Leidens, auf individueller wie auf gesellschaftlicher Ebene. Am Anfang des Buches haben wir festgehalten, dass der Geist der Tempel unseres Glückes ist. Wenn wir den eigenen inneren Tempel wie auch das globale Haus nach Art eines gütigen und weisen Herrschers regieren, wird sich das Glück einstellen.

Die Diebe transformieren

Nun bleibt uns nur noch eines zu tun: die Diebe aus dem Haus werfen, oder? Allerdings ist es nicht ganz so leicht, wie es auf den ersten Blick scheint. Normale Diebe muss man erwischen, festnehmen und ins Gefängnis werfen. Das Problem an den Glücksdieben ist ja, dass sie nicht außerhalb von uns existieren – sie stecken in uns.

Die Diebe sind ja, wie wir festgestellt haben, negative Gedankenmuster. Doch gedankliche Muster entstehen immer aus einem bestimmten Grund, was bedeutet, dass sie uns irgendwann auf irgendeine Weise nützlich waren. Jeder dieser Diebe ist ein Auswuchs unserer menschlichen Natur.

Der Drang, die Dinge kontrollieren zu wollen, ist völlig normal. Wir sind – Segen und Fluch zugleich – mit einem systematisch arbeitenden Gehirn ausgestattet, das viele Dinge unter Kontrolle halten und Pläne für die Zukunft machen kann. Auch der Hochmut, sich als Zentrum allen Seins zu begreifen, ist so weit ganz natürlich, weil wir als Einzelwesen in diese Welt geboren werden. Genauso menschlich ist der Drang, uns mit anderen zu vergleichen und das zu begehren, was wir nicht haben. Unser Fokus auf das Habenwollen und Konsumieren ist deshalb so tief verwurzelt, weil wir vom ersten Atemzug an Dinge außerhalb unseres Selbst brauchen, zum Beispiel Nahrung, Wasser oder Körperkontakt. Und unser Gehirn ist schlussendlich deswegen auf Routinen gepolt, weil das eine sehr effiziente Energienutzung verspricht. Wir neigen dazu, gewohnte und etablierte Muster beizubehalten.

Wir können die Diebe als natürliche gedankliche Muster in ihre Schranken weisen, es wird aber kaum möglich sein, sie vollkommen auszuschalten.

Denn um die Diebe effektiv zu vertreiben, müssten wir Anteile unseres Selbst eliminieren – und an der richtigen Stelle sind sie uns ja durchaus nützlich. Es geht also eher darum, die Diebe zu transformieren und sie unserem weisen Selbst zu unterstellen, damit sie unserem Glück und der Harmonie nicht im Wege stehen. Die Diebe sind ein wenig wie Krebszellen, also normale Zellen unseres Körpers, die mutiert sind und sich weigern abzusterben.

Schauen wir uns im Folgenden an, wie wir die Diebe, die derart tief in unserem Wesen verwurzelt sind, dennoch unter unsere Kontrolle bringen können.

Der Wissende

Jetzt lernen wir einen weiteren Teil unseres Geistes bzw. der menschlichen Natur kennen: den *Wissenden*. Jeder Mensch trägt ein Selbst innerhalb seines Selbst in sich. Sie wissen bereits, dass dieses Selbst existiert, weil Sie im Alltag immer wieder seine Stimme hören. Der Wissende ist der Teil von Ihnen, der in der Lage ist, Sie zu beobachten, während Sie Ihren Beschäftigungen nachgehen. Es ist jener Teil, der wissend lächelnd sagt: *Was machst du denn jetzt schon wieder*?

Wir alle erleben diese Momente, in denen wir den Eindruck haben, neben uns zu stehen und das eigene Verhalten zu beobachten. Nicht selten passiert es gerade dann, wenn Sie sich über jemanden ärgern und Ihnen auffällt, dass Sie sich wenig konstruktiv verhalten. Dann bemerken Sie diese Stimme, einen wohlwollenden Dritten, der Kommentare einwirft wie: *Weißt du eigentlich, was du gerade machst? Glaubst du wirklich, dass dir das jetzt weiterhilft?* oder *Kannst du dich gerade selbst sehen?* Das ist der Wissende – jener Teil Ihres Selbst, der in der Lage ist, Ihr Verhalten mit gelassener Objektivität zu betrachten.

Wir wissen nicht, ob irgendeine andere Spezies ebenfalls über diese innere Stimme verfügt. Mein Hund ist sehr clever, doch ich weiß nicht, ob er sich wirklich dabei zusieht, wenn er wild bellend auf das Klingeln an der Tür reagiert. Denkt er dann: *Warum regst du dich so auf? Du weißt doch, dass nie etwas Gefährliches passiert, wenn es läutet.* Zwar sind wir aus demselben Stoff gemacht wie all die anderen Wesen, mit denen wir uns diesen Planeten teilen; trotzdem scheinen wir die Einzigen zu sein, die die Fähigkeit haben, sich über die eigenen Instinkte zu erheben und uns mit Gewahrsein selbst zu beobachten.

Unserem Geist, der die Dinge zu kontrollieren vermag, verdanken wir allen technischen Fortschritt, der uns das Leben einfacher und interessanter macht. Wenn aber der Wissende nicht eingreift, dem klar ist, dass wir nicht alles kontrollieren können, wird unser Verlangen, die Fäden in der Hand zu halten, nicht zu einer Quelle der Unterstützung, sondern des Leids.

Der Wissende als der Beobachter ist der Einzige, der innere Veränderungen vorzunehmen in der Lage ist. Die gute Nachricht lautet also, dass Sie über das Werkzeug bereits verfügen.

Die schlechte ist, dass die meisten von uns diesen wissenden Beobachter gar nicht wahrnehmen oder im Alltag weitgehend ignorieren.

In vielen spirituellen Traditionen existiert die Vorstellung von einem Wissenden. Im Buddhismus entspricht dem das kosmische Bewusstsein. Dieses Wissen ist die wahre Natur des Lebens; es übersteigt den Einzelnen und ist für jeden zugänglich. Wenn im Sikhismus vom gesunden Menschenverstand die Rede ist, scheint mir, dass sich das ebenfalls auf den Wissenden bezieht. In der christlichen Tradition übernimmt der Heilige Geist diese Rolle.

Wenn Sie also gläubig sind, können Sie sich den Wissenden als etwas vorstellen, das ein Eigenleben hat, zugleich aber auch ein Teil von Ihnen ist, das weisere Selbst, das das Universum durchdringt. Sind Sie mehr der Wissenschaft verhaftet, könnten Sie sich den Wissenden als die Kompetenz zur Selbstreflexion vorstellen, die im menschlichen Geist angelegt ist.

Unabhängig vom Kontext handelt es sich um jene Fähigkeit, sich über das Selbst zu erheben und dieses Selbst zu beobachten, die es uns ermöglicht, die Diebe zu vertreiben. Dennoch schaffen es viele nicht, diese Fähigkeit tatsächlich zu nutzen. Wir verbringen unsere Tage in Abhängigkeit von diesen Dieben, obwohl es das Wissen gäbe, um in unserem inneren Tempel ein gütiger Herrscher zu sein.

Um die Diebe zu transformieren, übergeben wir uns am besten ganz in die Hände des Wissenden. Fangen Sie Schritt für Schritt an, aufmerksamer auf jenen Teil von Ihnen zu hören, der die Diebe erkennt, um dieser inneren Stimme mehr und mehr das Ruder zu überlassen. Es ist der Wissende, der wirklich ehrlich zu uns ist. Hier liegt der Ursprung unserer naturgegebenen Glückseligkeit, die bereits die Ihre ist.

Der 30-Tage-Plan zur Vertreibung der Diebe

Inzwischen begreifen Sie wahrscheinlich, wie uns diese Diebe das Glück stehlen, und Sie würden gerne leben, ohne von ihnen gesteuert zu werden. Doch wie schaffen Sie das? Um diese gedanklichen Muster abzuschütteln, brauchen Sie dieselben Tugenden wie beim Etablieren oder Loswerden jeder anderen Gewohnheit: Es erfordert Zeit, Disziplin und einen Plan.

Weil die wenigsten von uns gerne langfristige Verpflichtungen eingehen, schlage ich einen einfachen 30-Tage-Plan vor, um Ihr Haus von den Dieben zu befreien. Dieser Plan beinhaltet drei Übungen, die täglich höchstens 15 Minuten beanspruchen. Das Haus mag zwar nach 30 Tagen noch nicht vollständig von Dieben geräumt sein, doch Sie werden bis dahin große Fortschritte beim Trainieren Ihres Geistes gemacht haben.

Im ersten Schritt rezitieren Sie die fünf Mantras aus diesem Buch täglich mehrmals. Ich empfehle, jeden Tag mit allen fünf Mantras zu beginnen und sie vor dem Zubettgehen noch einmal zu wiederholen:

Ich beschließe, voll und ganz im gegenwärtigen Moment zu leben und ihn mit allem, was er bringt, anzunehmen. Glückseligkeit ist nicht das Ergebnis, nach dem ich strebe.

Ich bin verbunden mit allem, das ist; und wenn ich zum Wohl des Ganzen beitragen kann, wird mich das Glück finden.

Das Leben ist kein Wettkampf. Ich bin dankbar für das, was ich habe und bin. Ich freue mich für den Erfolg anderer, denn wenn ich mich mit ihnen freue, macht mich das glücklich.

Ich kann mich in diesem Moment für Glück und Zufriedenheit entscheiden. Sie sind Produkte meines Geistes und nicht das Ergebnis dessen, was außerhalb geschieht. Ich entscheide mich jetzt dafür, glücklich zu sein.

Ich bin nicht meine Muster. Nur weil das mein üblicher Weg ist, bedeutet das nicht, dass er mir gerade jetzt nützlich ist. Ich kann einen neuen Weg einschlagen.

Suchen Sie sich jeden Tag eines der **Mantras** aus, auf das Sie Ihr besonderes Augenmerk legen möchten. Sie könnten sich beispielsweise vornehmen, sich einen ganzen Tag lang darauf zu konzentrieren, im Moment zu leben, aufzuhören, sich Zukunftssorgen zu machen oder Vergangenes zu bedauern. Sobald Sie merken, dass Sie sich gegen irgendein Geschehen, das Sie nicht ändern können, sträuben, sprechen Sie das Mantra: wenn Sie im Stau stecken, wenn das Golfspiel wegen Regens abgesagt wurde oder der Partner sich nicht so verhält, wie Sie es gerne hätten. Nehmen Sie einfach an, was im gegenwärtigen Moment passiert.

Der zweite Schritt besteht darin, 30 Tage lang ein **Dank-barkeitstagebuch** zu führen. Schreiben Sie täglich drei Dinge auf, für die Sie an diesem Tag dankbar sind. Machen Sie das am besten immer zur selben Zeit, also entweder morgens, für einen guten Start, oder vor dem Zubettgehen, um das Erlebte Revue passieren lassen und einen schönen Ausklang zu finden. Wählen Sie außerdem eine Person aus Ihrem Umfeld aus und schreiben Sie eine positive Sache auf, die es in *deren* Leben zu feiern gibt. Das ist besonders wirkungsvoll, wenn Sie etwas aussuchen, auf das Sie ein wenig neidisch sind oder das Sie vielleicht selbst begehren.

Im dritten und letzten Schritt geht es darum, täglich **nach den Dieben zu forschen**: *Hat sich einer der Diebe heute bei mir gezeigt?* Ermöglichen Sie dem Wissenden, das Muster zuerkennen, damit er ihn das nächste Mal stoppen kann. Je öfter Sie sich am Ende des Tages diese Frage stellen, desto öfter werden Sie sich dabei ertappen, wenn der Dieb auftaucht.

Wenn Sie sich in den kommenden 30 Tagen an diesen Übungsplan zu halten, wird sich Ihr Glück automatisch mehren. Denn Sie trainieren Ihren Geist dazu, es willkommen zu heißen.

Abstieg vom Gipfel

Während meiner achtmonatigen Auszeit wurden mir viele Dinge klar. Ich erinnere mich lebhaft, wie ich in einem kleinen Café in den peruanischen Anden saß und die Wahrheiten, einschließlich der fünf Diebe, aufschrieb, die sich mir auf meiner Reise gezeigt hatten. Doch wie der bedeutende Mythologe Joseph Campbell schon festgestellt hat: Die Reise eines Helden ist so lange nicht vollendet, bis er in die reale Welt zurückkehrt und das Gelernte umsetzt.[1]

Sie fragen sich vielleicht, ob ich selbst mein Glück gefunden habe.

Nachdem ich mein altes Leben hinter mir gelassen hatte, lag meine größte Erkenntnis darin, dass man Zufriedenheit durch tägliches, diszipliniertes Üben verstärken kann. Jahrelang hatte ich nach Glückseligkeit gestrebt, so wie zahllose andere Menschen auch. Ich habe die meiste Zeit darauf verwendet, meine Erlebnisse so perfekt wie möglich zu gestalten, um glücklich zu werden. Heute weiß ich, dass sich anhaltende Zufriedenheit nur ergibt, wenn Herz und Verstand für Glückseligkeit trainiert werden.

Fast niemand wird ständig glücklich sein. Bereits Buddha hat das erkannt. Das Leiden in der äußeren Welt ist stets präsent und kann nur durch Weisheit transformiert werden. Weisheit bedeutet, die Dinge klar zu sehen. Ich bin inzwischen sehr viel glücklicher als zu Beginn meiner Reise. Ebenso wie Buddha fühle ich mich heute wacher.

Die Diebe lauern mir noch immer auf, doch hat ihre Fähigkeit, mich zu täuschen, deutlich nachgelassen. Vom zeitgenössischen englischen Dichter David Whyte stammt das Gedicht »Statue of Buddha« – Buddha-Statue. Darin heißt es, Buddha sei auf seinem Weg allen Dingen voller Vertrauen und Ergebenheit begegnet, sodass diese sich auch vor ihm verneigt hätten.[2] Gerade weil sich Buddha vor allem verneigt hat, das ihm im Zustand der Wachheit begegnet ist, verneigte sich letztlich auch alles vor ihm. Die Reise zum Glück besteht aus täglichen kleinen Schritten. Wenn wir willens sind, gewissenhaft zu üben, werden sich die Diebe eines Tages vor uns verneigen.

KAPITEL 8

Was wäre das für eine Welt, ohne die fünf Diebe?

Wir haben in diesem Buch besprochen, welche Rolle die fünf Diebe spielen, und zwar nicht nur in unserem Privatleben, sondern auch in der Gesellschaft (die ja letztlich ein Spiegel ist). In den Jahren, in denen ich als Berater bei Unternehmen tätig war, ist mir das immer wieder bewusst geworden. Eine Firma ist keine Einheit, sondern die Summe ihrer Einzelteile. Auch eine Gesellschaft ist das Interaktionsnetz vieler Einzelner. Innerhalb einer Gemeinschaft gibt es bestimmte Verhaltensnormen, die wiederum von den einzelnen Individuen stammen. Aus diesem Grund muss jede Veränderung auf gesellschaftlicher oder Unternehmensebene als persönliche Veränderung ihren Anfang nehmen.

Der Wirtschaftsforscher Otto Scharmer von der MIT Sloan School of Management zitiert gerne eine Manager, mit dem er vor einigen Jahren ein Interview geführt hat: »Die Qualität einer Initiative steht in direktem Verhältnis zum Innenleben des Initiators.« Mit anderen Worten: Ein Unternehmen ist die Erweiterung des Innenlebens all derer, die es führen. Das ist natürlich nicht unbedingt das, was wir gerne hören möchten, da wir viel lieber der Gesellschaft oder dem Unternehmen die Schuld in die Schuhe schieben möchten, wenn etwas nicht funktioniert, anstatt darauf zu achten, wie unser Innenleben möglicherweise die Welt um uns verändert.

In meinem Buch *Stepping Up: How Taking Responsiblity Changes Everything* bin ich dieser Idee auf den Grund gegangen. Wir alle, vor allem im Westen, zeigen gern auf andere, wenn es um Schuldzuweisungen geht. Jeder tut so, als hätte ein anderer die Probleme verursacht, die die Gesellschaft belasten, anstatt sich bewusst zu machen, dass die Gesellschaft nichts anderes als ein Auswuchs unseres Inneren ist, ein Spiegel. Wir wünschen uns eine andere Welt, ohne bei uns selbst anzufangen. Es gibt daher zwei triftige Gründe, die Diebe zu transformieren: zum einen, weil sie unserer eigenen Zufriedenheit und unserem Glück im Wege stehen, zum anderen aber auch, weil sich die Welt, solange wir die Diebe nicht unter Kontrolle haben, niemals ändern wird.

Dazu ein einfaches Beispiel: Wenn wir uns die politische Situation in den USA ansehen, würden wir aus einem ersten Impuls heraus die Politiker und vielleicht auch die Medien für dieses offensichtlich gestörte Klima verantwortlich machen. Bei näherer Betrachtung zeigt sich jedoch, dass es der gesamten Gesellschaft schwerfällt, über Meinungsverschiedenheiten zu sprechen. Der erste Dieb, die Kontrolle, durchdringt die Gesellschaft, er will uns vor kognitiven Dissonanzen abschirmen, wenn Sichtweisen aufeinandertreffen, die sich mit unseren nicht decken. Dass man über Politik und Religion nicht spricht, ist nicht etwa eine Binsenweisheit, sondern unsere

Unfähigkeit, anderen wirklich zuzuhören, die nicht unserer Meinung sind. Hier tut es not, bei sich selbst (und dem Dieb) anzusetzen.

Mahatma Gandhi sagte: »Die einzigen Teufel in der Welt sind jene, die sich in unseren Herzen herumtreiben, und hier sollten unsere Schlachten geschlagen werden.«[1]

Aus ebendiesem Grund mahnte Jesus: »Zieh zuerst den Balken aus deinem Auge, danach kannst du sehen und den Splitter aus deines Bruders Auge ziehen.«[2]

Alle großen Lehrer rufen uns dazu auf, das Böse in uns selbst zu suchen, das wir aus der Welt entfernen wollen.

Individueller Wandel ist von zentraler Bedeutung. Für *Stepping Up* haben wir Menschen befragt, um herauszufinden, warum sie sich nicht stärker für eine Veränderung der Welt einsetzen. Der am häufigsten genannte Grund lautete, dass sie als Einzelperson über nicht genügend Einfluss verfügten. Wenn wir die Welt von Dieben befreien wollen, spielt allerdings jeder Einzelne eine wichtige Rolle. Wenn eine Person sich verändert, bringt das einen Effekt mit sich, der sich auf ihr gesamtes engeres Umfeld auswirkt: Familie, Freunde und Kollegen. Es kommt auf jeden Menschen an, weil letztlich jeder bedeutsame Wandel das Ergebnis millionenfacher individueller Veränderungen ist. Nicht eine Gesellschaft verändert sich, es sind die Menschen, die das tun.

Das ungezügelte Treiben der Diebe

Derzeit bewegen sich die Diebe ziemlich unkontrolliert durch unsere Welt.

Der erste Dieb, die Kontrolle, bringt Menschen weltweit dazu, an ihren eigenen Ansichten festzuhalten, anstatt nach kreativen Lösungen für all die Probleme zu suchen, mit denen wir konfrontiert sind. Weil uns so sehr daran gelegen ist, dass unsere Ansichten die einzig richtigen sind – wahrscheinlich eine Folge unserer Erkenntnis, dass wir in Wahrheit nicht allzu viel unter Kontrolle haben –, sind wir nicht in der Lage, uns auf einen gemeinsamen Nenner zu einigen.

Der zweite Dieb, der Hochmut, veranlasst uns, sich so zu benehmen, als würde sich die Welt nur um uns und unser kleines Ego drehen. Wir übersehen dabei, dass unsere Lebensspanne kurz ist und die Bedürfnisse unserer Generation im Gesamtzusammenhang eher wenig zählen. Das großartige Experiment Leben nahm lange vor uns seinen Anfang, und es ist unser Privileg, daran teilzuhaben. Dieser Dieb treibt uns dazu, die Fülle der Welt in nur einer Generation zum Nachteil künftiger Generationen aufzubrauchen und auch anderen Arten zu schaden. Nur, wenn wir unseren Platz in der Welt finden, kann die Menschheit zu einer positiven evolutionären Kraft werden.

Der dritte Dieb, das Begehren, schafft eine Welt, in der wir glauben, dass wir nur gewinnen können, wenn ein anderer verliert. Es muss doch schließlich jemanden geben, der am schönsten, am reichsten oder am berühmtesten ist. Begehren bringt uns dazu, andere als Hemmschuh für unser Glück zu begreifen, und das sät Gewalt, Krieg und die verquere Vorstellung, dass nicht jeder gewinnen kann. Wir müssen den Begriff *Gewinnen* neu definieren: Es geht nicht um Wettkampf, sondern darum, dass jeder genügend zum Leben hat – nicht nur aus Gründen der Fairness, sondern weil es unser aller Überleben sichert.

Der vierte Dieb, Konsum, hat uns dazu gebracht zu glauben, dass uns Dinge und Kaufen glücklich machen. Doch das Glück liegt nicht in käuflichen Dingen, sondern in unserer eigenen Entscheidung (die uns in jedem Augenblick offensteht). Unser derzeitiges Wirtschaftssystem funktioniert nur, wenn immer weiter und immer mehr konsumiert wird – ein destruktiver Konsum, der nicht zu kollektivem Wohlergehen und Reichtum führen kann. Unser Verlangen nach immer noch mehr Objekten hat zur Folge, dass wir ein mit Besitztümern angehäuftes Leben führen, dem es allerdings an Gemeinschaft und Sinnhaftigkeit fehlt.

Der fünfte Dieb, Bequemlichkeit, lässt die Menschheit an Ansichten festhalten, die ihr nicht (mehr) dienlich sind, wie der Auffassung, die Natur sei etwas, das wir uns unterwerfen dürften. Beide Weltbilder waren, zumindest zu Zeiten kleinerer, regional beschränkter Gesellschaften, auf gewisse Weise nützlich. Letztlich führt das dazu, dass wir unsere Umwelt nachhaltig schädigen und die Lebensgrundlage vieler Menschen zerstört wird. Das bereitet den Boden für weitere Unruhen zwischen den Völkern und Nationen.

Eine Welt ohne Glücksdiebe

Natürlich sind die Diebe nicht für sämtliche Übel dieser Welt verantwortlich. Wenn wir uns aber vorstellen, dass diese Diebe verschwunden sind, erkennen wir ihren Einfluss und die Möglichkeiten, die uns dann zur Verfügung stehen.

Denken wir für einen Moment an John Lennons Song »Imagine«, der in unterschiedlichsten Kulturen auf ein tiefes Echo stößt. Warum wird ein derart simples Lied von so vielen Menschen in so vielen Sprachen gesungen?

Der Song schwört das Bild einer Welt ohne Glücksdiebe herauf; einer Welt ohne Staaten oder Religionen, also ohne etwas, für das man leben oder sterben würde; eine Welt ohne Besitztümer, in der wir für das Heute leben, tief eingebunden in den gegenwärtigen Augenblick. In wenigen kurzen Versen wird diese Welt umrissen, in der Kontrolle, Hochmut, Begehren, Konsum und Bequemlichkeit allesamt gebändigt sind.

Als junger Mensch war ich sehr religiös und empfand die Zeile »and no religion, too« als ziemlich anstößig. Doch heute, da ich ein wenig weiser bin, ist mir klar, dass es keineswegs das Fehlen von Religion oder Spiritualität war, das sich John Lennon als heilsam vorstellte. Er singt von einer Welt, in der die Religion nicht zur Quelle von Spaltung wird oder wir anderen unsere Sichtweise aufdrängen wollen, um sie zu kontrollieren.

Natürlich ist Religion nicht die Ursache allen weltlichen Übels, das zu behaupten wäre unfair. Eine objektive Betrachtung der menschlichen Geschichte würde wahrscheinlich zu dem Schluss kommen, dass Religion sowohl als positive wie negative Kraft gewirkt hat. Viele unserer erhabensten Ideen haben ihren Ursprung in einer der zahlreichen Glaubensrichtungen, doch selbst Religionen können von Dieben befallen werden.

Dann wird sie zu einer destruktiven Kraft. Eine Religion, die danach trachtet, andere zu kontrollieren, die den Hochmut besitzt, sich als die einzige Wahrheit beziehungsweise den Menschen als das einzige geistreiche Wesen zu betrachten, die begehrt, indem sie behauptet, die einzig gültige Wahrheit zu sein, die den »Konsum« von Glaubenssätzen oder Gebeten als Quell der Erlösung sieht und aus Bequemlichkeit mit Unwillen reagiert, sich Veränderungen anzupassen – eine solche Religion wird der Zukunft des Menschen nicht förderlich sein. Glücklicherweise hat es zu allen Zeiten und in allen Glaubensrichtungen Propheten gegeben, die sich wieder auf die ursprünglichen Wahrheiten berufen haben.

Eine achtsame Gesellschaft

Wollen wir die Gesellschaft von den Dieben befreien, müssen wir bereit sein, dieselbe Achtsamkeit an den Tag zu legen wie in unserem Privatleben. Halten wir uns an das bewährte Konzept – wahrnehmen, stoppen und ersetzen bzw. transformieren. Dann können wir die Welt neu gestalten. Die Hauptaufgabe besteht natürlich für jeden von uns darin, die Diebe in uns selbst zu erkennen, dingfest zu machen und zu transformieren; auf diese Weise werden wir zu einer neuen

Art Weltbürger: Nicht mehr länger von Dieben regiert, können wir durch unser Verhalten die Welt schaffen, die wir uns wünschen.

Die Diebe dienen uns dabei als Brille oder Rahmen, durch die bzw. den wir das Leben mit unseren Mitmenschen betrachten können. Weil ich einen Gutteil meines Lebens in der Welt der Großunternehmen verbracht habe, lassen Sie mich ein Beispiel aus diesem Bereich anführen.

Wie wir gesehen haben, schaden die Diebe Unternehmen und Institutionen genauso wie Privatmenschen. So veranlasst etwa Hochmut ein Unternehmen, davon auszugehen, die ganze Welt drehe sich um die eigene Firma, während es in Wahrheit natürlich andersherum ist: Ein Unternehmen und seine Geschäfte florieren, wenn auch das Umfeld floriert und gesund ist. Ein Manager von Coca-Cola hat das mit Blick auf Nachhaltigkeit und soziale Verantwortung einmal folgendermaßen ausgedrückt: »Wir sind seit inzwischen 120 Jahren erfolgreich und wollen es auch die kommenden 120 Jahre noch sein. Wenn jedoch die Gesellschaft nicht gedeiht, werden die Menschen unsere Produkte nicht kaufen, sodass auch die Marke nicht gedeihen kann.« Mit anderen Worten: Er hat begriffen, dass Hochmut einer Firma nicht weiterhilft.

Es ist wichtig für Firmen zu erkennen, dass sie nur dann eine rosige Zukunft haben, wenn sie zur Lösung unserer heutigen Probleme – unter anderem Ungleichheit, Intoleranz und Nachhaltigkeit – beitragen. Ihr Erfolg ist mit dem »Wohlergehen« des Ortes verknüpft, an dem sie ansässig sind – und nicht andersherum.

Wir brauchen unbedingt Unternehmen und Führungsfiguren, denen klar ist, dass eine Firma nur dann floriert, wenn das Wohlergehen der ganzen Welt im Fokus steht. Eine kurzsichtige Konzentration auf das eigene Überleben auf Kosten des Allgemeinwohls ist nur für beschränkte Zeit von Vorteil. Die Gier könnte den Bossen und Unternehmenslenkern den Blick auf diese Tatsache verstellen, wenn ihnen die Quartalsgewinne einflüstern: »Eure Geschäfte sind die einträglichsten von allen.« Das könnte sie blind machen für die vielen Wege der Zusammenarbeit mit anderen, die ihr langfristiges Überleben sichern: Ein landwirtschaftlicher Betrieb mag kurzfristig seinen Profit maximieren, indem er auf nachhaltige Methoden verzichtet; auf lange Sicht kann die Branche aber nur überleben, wenn Standards für nachhaltige Verfahren geschaffen werden.

Dasselbe gilt für Regierungen und Nationen. Kurzfristig mag es funktionieren, den Fokus allein auf die Interessen des eigenen Volkes zu legen. Doch wenn sich jeder nur auf den eigenen Vorteil konzentriert, führt das mit hoher Wahrscheinlichkeit zu wachsender Ungleichheit. Ungleichheit und Armut begünstigen Instabilität. Instabilität führt wiederum häufig zu repressiven Regierungsformen und zur Radikalisierung der Armen und Unzufriedenen. In einer solchen Welt müssten ganze Staaten von Schutzmauern umgeben sein, um sie herum bittere Armut. Irgendwann wären die Mauern nicht mehr hoch genug, um die Probleme auszusperren. Eine Welt, die für alle sicher und lebenswert ist, muss allen eine Lebensgrundlage bieten.

Um den Dieben auf gesellschaftlicher Ebene auf die Schliche zu kommen, müssen wir einen Schritt zurücktreten, um aus einem gewissen Abstand heraus zu erkennen, was vor sich geht.

Die drei Schritte lassen sich auch hier anwenden: Wir nehmen die Diebe wahr, ohne sie zu bewerten, stoppen sie, wenn sie uns nicht dienlich sind, und wählen einen anderen Weg. Der wissende Beobachter kann uns darin unterstützen, und weltweit scheint er immer präsenter zu werden. Genau diesen Wissenden, diese Fähigkeit, brauchen wir derzeit am nötigsten.

Die spirituellen Traditionen haben im Laufe mehrerer Jahrtausende die Kraft von Achtsamkeit und Meditation entdeckt. Erst heute beginnen wir zu erkennen, dass diese Fähigkeit – ohne zu werten, zu beobachten, was (in uns und um uns herum) passiert – die vielleicht bedeutendste Kompetenz im Rahmen der menschlichen Evolution ist. Nur so können wir gemeinsam die Diebe dingfest machen.

Die folgenden Punkte kann jeder von uns umsetzen oder es zumindest versuchen, um die Diebe zu vertreiben:

- Den Wunsch aufgeben, andere zu kontrollieren, um ihnen die eigene Sicht der Dinge aufzudrängen; stattdessen Raum für echten Dialog und Verständnis zwischen Religionen und Weltanschauungen schaffen.
- Glück daran messen, ob es allen in der Gesellschaft gut geht, genauso wie dem gesamten Planeten.
- Den Geist des Begehrens bändigen, der uns dazu bringt, andere als Hindernis zu unserem Glück zu begreifen; alles dafür tun, damit alle Seiten Gewinner sind.
- Den endlosen Konsum beenden; Dinge teilen; ein System

aufgeben, das eher Einsamkeit begünstigt denn Glück und Zufriedenheit.

- Denkmuster in Frage stellen, die uns nicht länger von Nutzen sind; beispielsweise, die eigene Nation in den Mittelpunkt zu stellen oder die Natur einzig als »Gebrauchsgegenstand« zu betrachten.

Unsere wahre Natur behaupten

Glückseligkeit entspricht unserem natürlichen Wesen – das habe ich zu Anfang behauptet, und damit möchte ich schließen. Wir sind von Geburt an mit allem Leben verbunden, und zwar so sehr, dass Leben nur durch anderes Leben entstehen kann. Das Kind, solange es umsorgt und geliebt wird, begegnet der Welt mit einem Lächeln. Wenn wir die Diebe im Zaum halten, finden wir das Glück, das rechtmäßig unser ist.

Ich bin der Meinung, dass wir als kooperative, großzügige und konstruktive Spezies geschaffen sind. Unser Erfolg basiert darauf, dass wir gelernt haben zusammenzuarbeiten. Wenn wir unseren Hochmut, der Nabel der Welt zu sein, hinter uns lassen und uns unserer Kreativität bedienen, können wir das Leben für uns selbst und alle anderen Lebewesen auf Erden verbessern.

Trotz all der negativen Nachrichten, mit denen wir täglich konfrontiert werden, glaube ich fest und mit Optimismus daran, was meine fast 30-jährige Tochter so gerne sagt: »Wir wissen, dass das Gute siegt, schließlich sind wir hier.«

Ich baue auf das menschliche Mitgefühl und unsere Fähigkeit zur Kooperation. Natürlich lässt sich nicht leugnen, dass es auch eine dunkle menschliche Seite gibt; doch unsere wahre Natur, die sich dahinter verbirgt, unsere Wachheit und Präsenz, das macht aus, wer wir eigentlich sind.

Der Schlüssel zum Glück – dem privaten wie dem globalen – liegt in unserem Geist, im Wissenden. Der wissende Beobachter kann die Diebe als das erkennen, was sie sind, ihre grenzenlose Herrschaft beenden und uns helfen, einen neuen Weg zu beschreiten. Das ist, so meine ich, unsere gemeinsame Pflicht.

Danksagung

Im Laufe der letzten beiden Jahrzehnte habe ich sechs weitere Bücher geschrieben, und meist waren es dieselben Menschen, die mir in diesen Jahren zur Seite gestanden haben. Allerdings bin ich immer dankbar, dass mit jedem neuen Projekt auch neue Helfer auftauchen.

Danke an Steve Piersanti und das wunderbare Team vom Verlag Berrett-Koehler. Dies ist mein viertes Buch gemeinsam mit ihnen, und die Hingabe, mit der sie der Welt wichtige Ideen vermitteln, inspiriert mich nach wie vor. Steve unterstützt mich stets darin, meine Konzepte umzusetzen und sie zu verbessern. Danke für deinen anhaltenden Glauben an meine Arbeit.

Danke an meine Lebensgefährtin, Janice Halls. Sie ist die spirituellste Person, die ich kenne, und vieles, das ich in diesem Buch beschreibe, lebt sie mir jeden Tag vor. Sie hilft mir dabei, die Diebe fernzuhalten. Meine Dankbarkeit für deine Gegenwart wächst mit jedem Jahr.

Danke an meine Freunde und Kollegen bei The Learning Network, die mich beständig unterstützen und herausfordern. Obwohl die meisten von ihnen selbst schreiben, stehen sie mir bei allen Fragen mit Rat und Tat zur Seite. Besonderer Dank gebührt meinem Freund Marshall Goldsmith. Er gehört zu jenen Menschen, die, bittet man sie um Hilfe, lediglich antworten: »Was kann ich tun, und bis wann brauchst du es?« Deine

Arbeit und Großzügigkeit sind mir ein fortwährender Quell der Inspiration.

Danke an meine Mutter für ihre anhaltende Liebe und Unterstützung. Selbst mit über 80 verschlingt sie noch sämtlichen Lesestoff; kein Wunder also, dass mich das Schreibfieber gepackt hat. Egal, was ich in meinem Leben ausprobiert habe, sie war mir immer der größte Ansporn.

Danke an die Freunde, die mich dazu angeregt haben, eine berufliche Auszeit zu nehmen, um eine tiefere Glückseligkeit für mich selbst zu entdecken. Dabei möchte ich mich ganz besonders bei Chris Cappy und David Kuhl bedanken. Einige meiner Freunde sind den Jakobsweg bereits selbst gegangen und haben mich ermutigt, es ihnen gleichzutun. Ohne diese Pilgerschaft wäre dieses Buch nicht entstanden.

Danke an das wunderbare Team bei der Sprecheragentur Speaker's Spotlight, das meine Arbeit als Redner weltweit fördert. Ich könnte mir keine besseren Partner wünschen, und ich freue mich darauf, gemeinsam Tausenden von Menschen zu mehr Glück zu verhelfen, während wir eine gerechtere Welt für alle schaffen.

Danke an meine zahlreichen Freunde, die neuen und die alten, die mein Leben mit so viel Freude erfüllen. Ihr wisst, wen ich meine, und ich möchte niemanden auslassen. Im Speziellen danke ich hier meinem Halbbruder Jeremy Ball. Seit vielen Jahren gehen wir gemeinsam den Weg zur Erweckung der Seele, und ich hoffe, wir werden das noch sehr lange so weiterführen.

Danke an KoAnn Skrzyniarz und ihr Unternehmen Sustainable Brands. Bei der Neudefinition eines guten Lebens steht

ihr in der ersten Reihe, und eure Courage, Gespräche zu führen, die etwas ins Rollen bringen, hat mir den Mut gegeben,
dieses Buch zu schreiben, in dem es um mehr geht als das
Glück des Einzelnen.

Danke an all die Reisenden, denen ich während meiner
Auszeit begegnet bin, allen voran den Pilgergefährten auf
dem Jakobsweg. Mein besonderer Dank gilt Jim, einem Amerikaner, den ich auf der Wanderung getroffen habe. Er gab
mir mit, das nächste Buch würde sicherlich kommen, ich solle
allerdings darauf achten, dass es göttlich inspiriert sei. Wir
haben nur ein paar Stunden miteinander verbracht, doch die
haben mir sehr viel gegeben.

Danke an Linda, die in meinem Büro dafür sorgt, dass mein
Leben in vernünftigen Bahnen verläuft und mir in allen beruflichen Dingen zur Seite steht.

Danke an Gary Bello und Duncan Shields, deren starke
Stimmen mir dabei geholfen haben, mich durch eine schwierige Phase zu navigieren, um eine tiefere Welle der Glückseligkeit zu finden.

Danke an all die Tausenden von Menschen, die mich in all
den Jahren an ihren Geschichten haben teilhaben lassen. Einen Großteil meines Wissens habe ich beim Zuhören erlangt.

Und schließlich Danke an meinen Mentor und Freund, John
Mroz. Er hat diese Welt viel zu früh verlassen, doch hat er mir
durch sein Beispiel die Macht unseres Willens gezeigt. Selbst
als ich dich bat, den Jakobsweg mit mir zu gehen, hast du
mich nicht enttäuscht – obwohl du bereits nicht mehr auf dieser Welt warst.

Über den Autor

John Izzo war Ministrant, gefeierter Redner, Journalist, Führungskräftetrainer und Gemeindevorsitzender. Der preisgekrönte Autor hat vor diesem Werk bereits sechs Bücher geschrieben, darunter den Bestseller *Die fünf Geheimnisse, die Sie entdecken sollten, bevor Sie sterben*.

Bei Konferenzen und Firmenevents ist er ein gefragter Gastredner, der mittlerweile zu einer Million Menschen rund um den Globus gesprochen hat. Seine Klientenliste liest sich wie das Who's who der Geschäftswelt, darunter IBM, Qantas, die Mayo Clinic, Humana, Microsoft, Hewlett-Packard, TELUS, Walmart und McDonald's. Jedes Jahr spricht er auf mehr als 70 Konferenzen und hält regelmäßig Seminare zum Thema effektives Führungsverhalten.

Izzos Buch *Die fünf Geheimnisse, die Sie entdecken sollten, bevor Sie sterben* war Grundlage einer erfolgreichen fünfstündigen Fernsehsendung in den USA. Dieser Titel, für den er 250 Personen im Alter zwischen 60 und 106 Jahren dazu befragt hat, was sie, im Nachhinein betrachtet, über das Leben gelernt haben, wurde in über 120 Sprachen übersetzt, darunter auch ins Deutsche.

Er war Mitinitiator der Corporate-Social-Responsibility-Bewegung und setzt sich dafür ein, nachhaltiger zu wirtschaften und die Integrität und das Wohlergehen der Menschen weltweit zu stärken. Neben seinen Tätigkeiten als Redner und

Autor engagiert er sich für die Umwelt und den Naturschutz. Er ist Mitbegründer der Organisation The Men's Initiative sowie Lehrbeauftragter an der University of British Columbia.

Izzo hat einen Master in Psychologie und Theologie und hat in Organisationspsychologie promoviert. Er hat an den Fakultäten von drei großen Universitäten gelehrt.

Privat lebt er unweit von Vancouver in den Bergen sowie im kalifornischen Erholungsort Rancho Mirage.

Kontakt: Sie können Dr. John Izzo an folgende E-Mail-Adresse schreiben: john@drjohnizzo.com

Weitere Informationen: www.drjohnizzo.com

Auf Twitter folgen: @DrJohnIzzo

Fußnoten und Quellen

Kapitel 1   Glückseligkeit entspricht unserem natürlichen Zustand

1 Tamlin S. Conner und Katie A. Reid, »Effects of Intensive Mobile Happiness Reporting in Daily Life«, *Social Psychological and Personality Science* 3, Nr. 3 (2012): 315–23. DOI: 10.1177/1948550611419677.
2 Einen umfassenderen Überblick über das kooperative Wesen des Homo sapiens bieten die folgenden Bücher: Edward O. Wilson, Elisabeth Ranke, »Die soziale Eroberung der Erde. Eine biologische Geschichte des Menschen«, C. H. Beck, München, 2016, sowie Yuval Noah Harari, Jürgen Neubauer, »Eine kurze Geschichte der Menschheit«, Pantheon Verlag, München, 2015.
3 Ich möchten Ihnen, zusätzlich zu Hararis Buch »Eine kurze Geschichte der Menschheit« Freidmans Artikel (auf Englisch) zur Kindererziehung der Jäger und Sammler ans Herz legen, in dem die Autorin darauf hinweist, dass wir uns diesbezüglich sogar einiges von unseren frühen Vorfahren abschauen könnten: Danielle Freidman, »Parent like a Caveman«, The Daily Beast, 10.10.2010, http://www.thedailybeast.com/articles/2010/10/11/hunter-gatherer-parents-better-than-todays-moms-and-dads.html.

Kapitel 2   Der erste Dieb: Kontrolle

1 Die gesamten biographischen Informationen zu Siddhārta Gautama stammen aus verschiedenen Quellen, vor allem aber aus Universal Theosophie, Zugriff am 28.08.2016, http://www.universaltheosophy.com/buddha-the-life-of-siddhartha-gautama/.
2 Lukas 12,25 (Einheitsübersetzung).
3 Übersetzt nach Merriam-Webster Dictionary, Onlineausgabe, s. v. »mindfulness«, Zugriff am 03.08.2016, http://merriam-webster.com/dictionary/mindfulness.
4 Übersetzt nach Wikipedia, s. v. »Mind monkey«, zuletzt geändert am 12.06.2017, https://en.wikipedia.org/wiki/Mind_monkey.
5 Geoffrey Skelley, »Reviewing the Convention Ratings«, Sabato's Crystal Ball, 13.09.2012, http://www.centerforpolitics.org/crystalball/articles/reviewing-the-convention-ratings.

Kapitel 3   Der zweite Dieb: Hochmut

1 Kathryn Buchanan und Anat Bardi, »Acts of Kindness and Acts of Novelty Affect Life Satisfaction«, *The Journal of Social Psychology* 150, Nr. 3 (2010): 235–37. doi: 10.1080/00224540903365554.
2 Einen Überblick über die Gaia-Hypothese finden Sie unter http://www.gaia-theory.org/overview.
3 Vollständig nachzulesen ist diese Hypothese in dem wundervollen Buch »Eine kurze Geschichte der Menschheit« von Yuval Noah Harari und Jürgen Neubauer, Pantheon Verlag, München, 2015.
4 Einen umfassenden Überblick über die Hadza bietet Michael Finkels Artikel »Nomaden in Afrika. Mit den Hadza zurück in die Steinzeit«, nachzulesen unter http://www.spiegel.de/wissenschaft/natur/nomaden-in-afrika-mit-den-hadza-zurueck-in-die-steinzeit-a-661712.html, Zugriff am 03.07. 2017.

Kapitel 4   Der dritte Dieb: Begehren

1 2. Mose 20,17. Aus: Lutherbibel, revidiert 2017, https://www.die-bibel.de/bibeln/online-bibeln/lutherbibel-2017/bibeltext/bibel/text/lesen/stelle/2/200001/209999/.
2 Katherine A. De Cellas und Michael I. Norton, »Physical and Situational Inequality on Airplanes Predicts Air Rage«, Proceedings of National Academy of Sciences 113, no. 20 (2016): 5588–91. Ebd.: 10.1073/pnas.1521727113.
3 Richard Wilkinson und Kate Pickett, »Gleichheit.: Warum gerechte Gesellschaften für alle besser sind«, Haffmans und Tolkemitt, Berlin, 2016.
4 Robert Emmons hat mit seinen Kollegen zahlreiche Artikel zum Thema Dankbarkeit verfasst. Eine großartige Zusammenfassung seiner Arbeit lesen Sie in Robert A. Emmons, »Why Gratitude Is Good«, Daily Good, 20.06.2011, http://www.dailygood.org/story/8/why-gratitude-is-good-robert-a-emmons.
5 Ann Morin, »7 Scientifically Proven Benefits of Gratitude«, *Psychology Today*, 03.04.2016, https://www.psychologytoday.com/blog/what-mentally-strong-people-dont-do/201504/7-scientifically-proven-benefits-gratitude.
6 Olivia Blair, »Staying off Facebook Can Make You Happier, Study Claims«, *Independent*, 10.11.2015, http://www.independent.co.uk/life-style/gadgets-and-tech/news/staying-off-facebook-can-make-you-happier-study-claims-a6728056.html.
7 Maria Konnikova, »How Facebook Makes Us Unhappy«, *The New Yorker,* 10.09.2013, http://www.newyorker.com/tech/elements/how-facebook-makes-us-unhappy.
8 Moira Burke, Cameron Marlow und Thomas Lento, »Social Network Activity and Social Well-Being«, *CHI 2010: Proceedings of the SIGCHI Conference*

on Human Factors in Computing Systems, 10.-15.04.2010, 1909–12. Ebd.: 10.1145/1753326.1753613.

9 »Bob Nehart – Stop It«, veröffentlicht am 12.03.2015, https://www.youtube.com/watch?v=arPCE3zDRg4.

Kapitel 5   Der vierte Dieb: Konsum

1 William Shakespeare, »Hamlet: Prinz von Dänemark«, 2. Akt, 2. Szene. In der Übersetzung von August Wilhelm Schlegel, Dorothea Tieck und Wolf Heinrich Graf Baudissin. Aus: »William Shakespeare, Dramen«, Reclam Bibliothek, Stuttgart, 2014.

2 Joseph P. Forgas, »Four Ways Sadness May Be Good for You«, Greater Good Science Center, 04.06.2014, https://greatergood.berkeley.edu/article/item/four_ways_sadness_may_be_good_for_you.

Kapitel 6   Der fünfte Dieb: Bequemlichkeit

1 Siehe »The Search for Alzheimer's Prevention Strategies«, Webseite des National Institute on Aging, Zugriff am 03.08.2016, https://www.nia.nih.gov/alzheimers/publication/preventing-alzheimers-disease/search-alzheimers-prevention-strategies.

2 Einen ausführlichen englischsprachigen Forschungsüberblick zum Vergleich unterschiedlicher Trainingsprogramme siehe Micah Zuhl und Len Kravitz, »HIIT vs Continuous Endurance Trainig: Battle oft the Aerobic Titans«, Webseite der University of New Mexico, Zugriff am 25.09.2017, https://www.unm.edu/~lkravitz/Article%20folder/HIITvsCardio.html.

3 Hanna Rosin, »How a Danish Town Helped Young Muslims Turn Away from ISIS«, Jefferson Public Radio, 15.06.2015, http://www.npr.org/sections/health-shots/2016/07/15/485900076/how-a-danish-town-helped-young-muslims-turn-away-from-isis.

Kapitel 7   Wie Sie die Diebe aus dem Haus jagen

1 Siehe Joseph Campbell, »Der Heros in tausend Gestalten«, Insel Verlag, Berlin, 2011.

2 Siehe David Whyte, »Statue of Buddha«, in River Flow: New and Selected Poems (Langly, WA: Many Rivers Press, 2012): 308.

Kapitel 8   Was wäre das für eine Welt, ohne die fünf Diebe?

1 Dr. Purushothaman, »Words of Wisdom: 1001 Quotes & Quotations«, Vol. 44 (Kollam, Kerala, Indien: Center for Human Perfection, 2014), 93.
2 Lukas 6,42. Aus: Lutherbibel, revidiert 2017, https://www.die-bibel.de/bibeln/online-bibeln/lutherbibel-2017/bibeltext/bibel/text/lesen/stelle/52/60001/69999/.

Register